RECONFIGURAÇÃO DA MODERNIDADE BRASILEIRA

TENDÊNCIAS E DESAFIOS

mórula
EDITORIAL

REVISÃO
Arman Neto

DADOS INTERNACIONAIS DE CATALOGAÇÃO NA PUBLICAÇÃO (CIP)
DE ACORDO COM ISBD
Elaborado por Odilio Hilario Moreira Junior – CRB 8/9949

R311

Reconfiguração da modernidade brasileira: tendências e desafios / organizado por Bruna Bataglia...[et al.]. - Rio de Janeiro : Mórula Editorial, 2025.
244 p. ; 14cm x 21cm.

Inclui bibliografia.
ISBN: 978-65-6128-140-9

1. História do Brasil. 2. Modernidade brasileira. 3. Desafios. 4. Tendências. 5. Reconfiguração. I. Bataglia, Bruna. II. Marins, Cristina T. III. Nunes, Daniel Capecchi. IV. Domingues, José Maurício. V. Título.

2025-3387 CDD: 981
CDU: 94(81)

Índice para catálogo sistemático:
1. História do Brasil 981
2. História do Brasil 94(81)

Rua Teotônio Regadas 26 sala 103
20021_360 _ Lapa _ Rio de Janeiro _ RJ
www.morula.com.br _ contato@morula.com.br
morulaeditorial morula_editorial

SUMÁRIO

INTRODUÇÃO

No final do século XX, predominava entre cientistas sociais e analistas políticos a visão de que os conflitos políticos do mundo pós-colonial e pós-socialista girariam em torno de agendas social-democratas e neoliberais. Na prática, isso se traduziria em disputas sobre o grau de intervenção estatal na economia, sobre a natureza e a extensão de políticas de redistribuição de renda e questões afins. No entanto, já nas primeiras décadas do século XXI se revelaram novas linhas de conflito, desafiando os prognósticos existentes para a modernidade política avançada.

O avanço do capitalismo financeiro e as transformações nos processos produtivos — como a desregulamentação das relações laborais e a automação industrial — enfraqueceram o poder redistributivo e a capacidade de intervenção dos Estados nacionais, justamente quando múltiplas crises demandariam maior direcionamento e ação estatal. Conflitos domésticos instrumentalizados por forças políticas emergentes de extrema-direita e a crescente segmentação dos espaços públicos minaram as bases sociais e políticas da coexistência democrática ao redor do mundo.

A pandemia da COVID-19 evidenciou as vulnerabilidades das cadeias globais de produção, intensificou disputas entre potências, expôs projetos de soberania digital e controle de dados ao mesmo tempo que afetou drasticamente diversas áreas da vida social. Mercados de trabalho foram reconfigurados à medida que proliferavam novas formas de sociabilidade digital e processos de individualização — com as plataformas de redes sociais assumindo um papel central nessa transformação. Nesse cenário, diversos elementos que já estavam presentes no período anterior, foram acelerados e agravados pela pandemia. Para completar o quadro, conflitos armados em grande escala, com destaque para a invasão russa da Ucrânia em fevereiro de 2022.

Contra esse pano de fundo, tornou-se tarefa urgente repensar os paradigmas que orientam a análise política contemporânea. Com o objetivo de contribuir para um diagnóstico abrangente dos desafios impostos pelo atual estágio da modernidade e, em particular, investigar como o fenômeno global se manifesta no Brasil, oferecemos em 2023, no Instituto de Estudos Sociais e Políticos da Universidade do Estado do Rio de Janeiro (IESP-UERJ), o curso "O Mundo Pós-Pandêmico". Como desdobramento das discussões surgidas nesse contexto, realizamos em 2024 um seminário que reuniu especialistas dedicados ao estudo das transformações sociais recentes, organizado em torno dos três eixos temáticos que também estruturam os capítulos seguintes, os quais aproveitam muito do que se apresentou no seminário, com algumas variações e acréscimos.

Na seção "Trabalho, tecnologia e desenvolvimento", o primeiro capítulo, escrito por Cristina T. Marins, discute as transformações do mundo do trabalho informal decorrentes da disseminação das plataformas de redes sociais. Já o segundo capítulo trata das novas possibilidades de ação sindical de trabalhadoras domésticas e foi escrito por Thays Monticelli, enquanto o terceiro, de Victor Piaia, aborda os espaços digitais de formação de opinião e mobilização política de motoristas de aplicativo no Brasil. A seção é apresentada por Adalberto Cardoso, que nos oferece uma reflexão sobre a informalidade brasileira chamando atenção para a ideia de que, em países como o nosso, modalidades de trabalho informal integram o horizonte de possibilidade da população que, historicamente, busca formas de subsistência em ambientes marcados por vulnerabilidade e precariedade.

O segundo eixo, intitulado "Estado, Sociedade e Democracia", tem como escopo o debate sobre a crise da democracia, as transformações na modernidade e sua relação com a articulação dos regimes constitucionais. O quarto capítulo, de autoria de José Maurício Domingues, trata da situação da modernidade contemporânea a partir de uma periodização em três fases — ou na verdade, quatro —, inserindo o Brasil nesse contexto. Escrito por Daniel Capecchi Nunes, o quinto capítulo propõe o conceito de ciclos constitucionais como ferramenta para compreender as transformações vividas por regimes constitucionais e identificar futuras tendências no Brasil. O sexto capítulo, de autoria de Cicero Araujo, tem por escopo entender a crise das democracias no século XXI como uma sequência de complicações. A seção é apresentada por Daniel H. M. Ferreira, que destaca como o diagnóstico apresentado pelos três capítulos permite antever tendências futuras e, simultaneamente, desafia-nos a buscar alternativas imanentes à crise geral que se anuncia.

O terceiro e último eixo visa dar conta de outro tema incontornável, "Economia e mudanças climáticas", e é inaugurado pelo texto de Bruna Bataglia, no qual a autora procura mapear as respostas estatais à crise climática, comparando as políticas dos EUA, União Europeia, China e Brasil, e analisando mais detidamente o Plano de Transformação Ecológica brasileiro, em um contexto de disputas geopolíticas. No oitavo capítulo, Fernanda Feil, Carmem Feijó e Fernando Teixeira argumentam quanto à importância de uma nova indústria que promova uma mudança estrutural capaz tanto de mitigar os efeitos de uma transição verde sustentável quanto de recuperar o dinamismo perdido de uma economia marcada pelo processo de desindustrialização nos anos 2000. O nono capítulo, de Thereza Cristina Menezes, nos oferece um exame de recentes transformações da região amazônica e sua relação com as propostas de uma Nova Economia da Amazônia fundada no modelo de bioeconomia. A partir de levantamento documental e trabalho de campo, a autora chama a atenção para a relação entre as limitações para o desenvolvimento através da bioeconomia e as dinâmicas territoriais e de poder atuais nas áreas rurais e urbanas amazônicas. A apresentação do eixo foi elaborada por Fabiano Santos, que identificou os pontos fundamentais dos textos — espaço de política e mudança de preferências políticas — inserindo-os no contexto do cenário adverso que o atual governo enfrenta para implementação dessas agendas.

Enfim, complementando as discussões dos seminários, em um posfácio ao livro, María Elena Rodríguez pontua algumas questões cruciais do cenário internacional e a inserção do Brasil nele, partindo da debilitação do liberalismo internacional e focando no papel do Brics e da China hoje, bem como na Conferência das Partes (COP), órgão da Organização das Nações Unidas paras mudanças climáticas, sobretudo a de Belém em 2025, em seus possíveis desdobramentos.

As diversas seções do livro, assim como os capítulos individuais, podem ser proveitosamente lidas de forma independente, pois cada uma constitui uma unidade analítica autônoma — com coerência interna e desenvolvimento argumentativo completo —, sem prejuízo à linha de raciocínio geral. Quando lidos em conjunto, nosso intuito é que os textos formem um quadro original e revelador das transformações que atravessamos e das novas linhas de disputa que marcam as primeiras décadas do século XXI globalmente, porém com destaque para a inserção do Brasil nesses processos.

As autoras e autores das contribuições aqui reunidas produziram textos claros e concisos, adequados para a leitura tanto por especialistas quanto por estudantes e um público mais amplo interessado nos temas abordados. Os textos não têm a pretensão de esgotar os temas que abordam, tampouco de fornecer diagnósticos conclusivos, sequer cobrir todos os aspectos do imaginário e das instituições da modernidade contemporânea. Ao contrário, debruçam-se especialmente sobre o que nos parecem ser as mudanças em curso que diferenciam o mundo atual e, mais uma vez, dentro dele o Brasil, daquele que o precedeu em particular nas últimas décadas. Antes que oferecer respostas definitivas, nosso objetivo é lançar questões pertinentes, abrir horizontes de investigação e inspirar novas abordagens sobre os assuntos tratados. Cada capítulo funciona como um convite ao diálogo, deixando espaço para que outras vozes e perspectivas complementem, questionem ou ampliem as reflexões aqui iniciadas.

Este livro foi finalizado anteriormente ao anúncio de taxas de 50% sobre as exportações brasileiras, além de outras possíveis sanções contra o Brasil, por Donald Trump, presidente dos Estados Unidos, em aliança com a família Bolsonaro. Essas medidas apenas confirmam os diagnósticos expressos em suas páginas, quaisquer que sejam os desdobramentos que tenham lugar nas próximas semanas.

O apoio da Fundação Carlos Chagas (FAPERJ), do Conselho Nacional de Pesquisa (CNPq) e da Fundação Coordenação de Aperfeiçoamento de Pessoal de Nível Superior (CAPES) foi fundamental para as pesquisas aqui apresentadas. Agradecemos ainda às instituições que nos abrigam e aos colegas com quem intercambiamos ideias e referências nesse período.

Bruna Bataglia
Cristina T. Marins
Daniel Capecchi Nunes
José Maurício Domingues

PARTE I

TRABALHO, TECNOLOGIA E DESENVOLVIMENTO

APRESENTAÇÃO

Adalberto Cardoso

A informalidade é aspecto intrínseco ao modo como boa parte da população brasileira obtém meios de vida. Ela é uma forma social do trabalho dentre outras, típica de países nos quais o mercado de trabalho regulado e protegido nunca gerou ocupações para todos, obrigando gerações sucessivas a construir por si mesmas mecanismos de obtenção de meios de vida, em geral em ambientes nos quais tudo é informal: a ocupação do solo urbano, a construção de moradias, o acesso à infraestrutura urbana (como eletricidade, água, esgoto e outros), as relações interpessoais, a relação com a institucionalidade pública (em geral marcada pela violência do Estado) e a sociabilidade em geral. Nos países latino-americanos, obter informalmente meios de vida é parte do próprio modo de vida de parcelas expressivas da população, para quem o Estado aparece (e se constituiu historicamente) como uma institucionalidade complexa da qual se desconfia e da qual, muitas vezes, se quer distância.

A definição de informalidade proposta por Keith Hart (1973)[1] era complexa e multidimensional. Para ele haveria várias fontes potenciais (ou oportunidades) de renda em economias periféricas como a de Gana, seu objeto de estudo: um setor em que as oportunidades de renda são

1 De acordo com Palmer (2004, p. 7), Keith Hart apresentou suas ideias para os colegas do Institute of Development Studies (IDS, Reino Unido) pela primeira vez em 1971, fruto das pesquisas realizadas em Gana entre 1965 e 1968. Na audiência estavam Hans Singer e Richard Jolly, que liderariam a missão da OIT no Quênia em 1972. Assim, embora o relatório da OIT sobre o Quênia tenha entrado para a história como a primeira vez em que "informalidade" foi empregado para dar inteligibilidade ao mercado de trabalho em países pobres, a formulação original é de Hart.

formais (no setor público ou no privado), outro em que as oportunidades são informais, mas legais (ele usa o termo *legitimate,* como o comércio em pequena escala, serviços em geral) e um terceiro, em que as oportunidades são informais e ilegais (como a prostituição ou o contrabando, e o termo utilizado é *illegitimate* — ver Hart, 1973, p. 69). Esses "setores" não seriam estanques, e cada qual seria em si mesmo muito heterogêneo. Ademais, boa parte das pessoas tinha ocupações (ou atividades remuneradas) em mais de um ou mesmo nos três, em combinações que resultavam em extensas jornadas de trabalho, mesmo assim com baixa remuneração. O próprio Hart, falando sobre sua definição mais tarde, insistiria que "em nenhum momento eu identifiquei a 'economia informal' como um lugar, uma classe ou mesmo com pessoas" (Hart, 2006, p. 25).

O que interessa para esta apresentação é a ideia de oportunidades de renda disponíveis aos trabalhadores em economias marcadas pelo excesso de oferta de mão de obra, resultado da urbanização por vezes acelerada e não acompanhada pelo crescimento dos segmentos estruturados (ou formais) da economia, que não geram empregos suficientes para acolher todas as pessoas que migram para as cidades. Essa foi a realidade encontrada por Hart em Gana, e essa era (e ainda é) a realidade da maioria dos países latino-americanos, para onde o conceito migrou nos anos 1970 (substituindo noções como "cultura da pobreza", "liminaridade" e, sobretudo, "marginalidade", que povoaram o debate acadêmico sobre a população urbana excedente nos anos 1960 e parte dos 1970[2]) e onde produziu análises importantes sobre a especificidade das economias capitalistas periféricas (Nun, 2001; Tokman, 2004; Lautier, 2004; Coletto, 2010).

Hart era um antropólogo interessado, antes de tudo, nos mecanismos de incorporação dos migrantes ao mundo urbano, e em suas condições de vida, muito particularmente a capacidade de gerar renda suficiente para a sobrevivência de indivíduos e famílias. Esse era um

2 Ver Lewis (1961), Nun (1969), Quijano (1970, 1978) e Touraine (1977).

ponto de partida muito diverso do tradicionalmente adotado pelas análises econômicas da instituição que Hart inspiraria (a OIT), que adotava o ponto de vista "da firma" para sugerir as políticas de emprego e de desenvolvimento para os países do Terceiro Mundo. Hart se pôs do ponto de vista das pessoas em busca de oportunidades de renda.

De fato, a teoria econômica, tradicionalmente, utiliza os termos oferta e demanda para designar ofertantes e demandantes de trabalho. Demanda por mão de obra, oferta de mão de obra. O ponto de vista adotado é o do demandante, a firma, detentora do poder decisório sobre os investimentos, que, maiores ou menores, requerem mais ou menos força de trabalho, mais ou menos tecnologia, mais ou menos recursos financeiros, políticas públicas dessa ou daquela natureza etc. O ponto de partida é o empreendedor capitalista, que faz mover a economia, os trabalhadores e as instituições do Estado ao buscar o lucro.

Contudo, do ponto de vista de uma sociologia do mercado de trabalho, aqui adotado, quem demanda (ou procura) inserção ocupacional e social, e também oportunidades de renda, são os/as trabalhadores/as, ou as pessoas que trazem à ordem econômica sua disposição para o trabalho.[3] A ordem econômica e social é vista como um conjunto de oportunidades e restrições ao acesso a posições em sua estrutura. A pessoa, portanto, está em busca de inserção, e esta nem sempre estará associada à (ou condicionada pela) oferta de posições por parte dos que controlam os meios de produção e circulação de riqueza e serviços (privados ou públicos). Tal perspectiva é prenhe de consequências teóricas e empíricas para os capítulos que compõem esta seção. Vejamos.

As pessoas, em determinada idade e cumpridas algumas transições identitárias (quase sempre no sistema educacional), passam a fazer parte da força de trabalho. Isso não quer dizer que estejam no mercado de trabalho. Elas apenas se tornam disponíveis para colocar em atividade

---

3 A formulação mais acabada do argumento é de Granovetter (1974), que retoma e aprofunda teoricamente a discussão em Granovetter (1988).

sua potência física e mental no ambiente onde se dá a produção de mercadorias e são prestados os serviços que dão suporte a essa produção (nas transações comerciais ou financeiras, ou ainda nos serviços pessoais ou familiares que sustentam a vida individual e coletiva).

Do ponto de vista das pessoas que se tornam disponíveis para o trabalho, como foi dito, o mundo se apresenta como um conjunto complexo e muitas vezes opaco de oportunidades de inserção ocupacional (e suas barreiras à entrada), e a efetiva realização da potência que é a disposição para o trabalho será função de um conjunto de determinantes apenas em parte (uma parte por vezes muito diminuta) controlado pelos próprios indivíduos.

Do lado da estrutura econômica, há a oferta efetiva de empregos, que ao trabalhador isolado nem sempre aparece como o que de fato é, o resultado agregado de decisões empresariais e governamentais (o emprego público é sempre importante) as quais ele/a (o/a trabalhador/a isolado/a) ignora inteiramente, ou se não ignora, pode pouco ou nada em termos da determinação de sua direção, montante, escopo ou duração no tempo. A boa parte dos trabalhadores restará identificar, na estrutura da oferta de oportunidades de obtenção de meios de vida, aquelas que melhor se adéquem às suas qualificações, ou aspirações, ou desejos, ou premências e urgências, que são, ademais, compartilhadas com outros em condição semelhante, o que permite que se coloque a questão nos termos de classe social, ou de coletivos que compartilham probabilidades de trajetória social em ambientes apenas tenuemente controlados por eles mesmos.[4]

Isso quer dizer que a oferta de oportunidades de inserção laboral é exógena para a maioria das pessoas (fruto de decisões de outros que, no agregado, constituem a atividade econômica e sua história). Contudo, e esse é o ponto que interessa aqui, para uma parte delas pode ser endógena.

---

4 Essa noção de classe social é devedora de Bourdieu (1979, 1989).

Ora, olhando o mundo do ponto de vista de quem busca oportunidades, há a pessoa que cria ela mesma suas condições de inserção ocupacional, não apenas como empreendedor capitalista (ou artesanal, ou artístico), mas também como profissional liberal com recursos suficientes para se instalar por conta própria (um dentista, um psicanalista, um médico), ou ainda como trabalhador por conta própria mais ou menos capitalizado (ou inteiramente descapitalizado), que "escolhe" esse tipo de inscrição social porque a estrutura objetiva da oferta de oportunidades de inserção não é vista como, ou não é vivida como, ou não é aceita como tal, ou não aceita o demandante como adequadamente qualificado, ou está, simplesmente, saturada em sua capacidade de acolher novos demandantes de posições.

A escolha de vias próprias, criativas e voluntárias, ou compulsórias se fruto da fricção entre o que é ofertado pela estrutura econômica e social e as aspirações ou potencialidades laborais objetivas de cada qual, que veda ou dificulta o acesso às posições existentes (também em razão da competição entre os próprios demandantes de posições), é elemento central das oportunidades de vida no Brasil. Não há, nem nunca houve, posições assalariadas para todos os que ganham a vida com seu trabalho. As posições assalariadas não respondem às aspirações e demandas de todos. O assalariamento como destino coletivo não está dado para todos. A oferta de "boas" posições (como se o assalariamento fosse "bom") não é universal. Logo, nem tudo na ordem social e econômica se apresenta como oportunidades dadas exogenamente, ou melhor, o que é dado dessa maneira não é acessível a todos, e uma parte dos que atingem a condição de força de trabalho sequer procurará inserção social segundo as regras ou condições criadas pela ordem dada exogenamente. Isso é, não fará parte do mercado de trabalho propriamente dito, já que não está disposta a vender sua força de trabalho a um empregador qualquer.

A busca de "mecanismos de obtenção de meios de vida" se dá em ambientes heterogêneos nos quais vigoram hierarquias de ofertantes de oportunidades, assim como hierarquias de possibilidades de escolha de vias próprias de obtenção de renda. Num ambiente em que o assalariamento nunca se universalizou, não está dado que o assalariamento regulado pelo Estado (e os direitos que normalmente lhe são associados) seja aspiração de todos. É sabido que, em situação de vulnerabilidade social, se pudesse escolher, a pessoa optaria pelo assalariamento protegido.[5] Mas essa aspiração não estrutura os projetos de vida de todos, nem desde sempre. O ambiente social e econômico em que somos socializados no Brasil é constituído pela não universalidade do assalariamento, portanto pela naturalidade dos projetos e aspirações de viver por conta própria, por vezes compartilhados por famílias inteiras, ou apenas por parte de seus membros. E isso independentemente do desejo de menos ou mais bem-estar envolvido na operação, pois, como mostrou Santos (2006), o horizonte de expectativas de renda é muito estreito no Brasil. A vida da maioria é vulnerável e precária, e a inserção por conta própria, se e quando precária, é comparada com inserções assalariadas também instáveis e precárias, além de igualmente mal remuneradas.

Com isso, parte considerável dos trabalhadores hoje estabelecidos por conta própria preferirá manter-se nessa posição mesmo que vislumbre a oportunidade de um emprego assalariado, ainda que temporário. Na equação de custos e benefícios da mobilidade entre oportunidades ocupacionais, a autonomia, a "liberdade", a possibilidade de empregar um familiar etc., podem levar à opção pelo informal, mesmo em patamares mais baixos de renda.

A "opção" pelo informal pode ser fruto de escolhas socialmente determinadas em momentos muito precoces da vida das pessoas, e,

---

5 A crise do emprego nos anos 1990 no Brasil (Pochmann, 2001; Pastore, 1997) e no mundo (Rifkin, 1996) gerou, em toda parte, demandas por proteção social, e fez renascer o sonho do trabalho assalariado e regulado pelo Estado, que sempre esteve no horizonte dos trabalhadores migrantes no país (Cardoso, 2010), mas competiu intensamente com o desejo de autonomia e de se estabelecer por conta própria.

aspecto muito importante, não é um destino unívoco de classe. Parte expressiva dos jovens brasileiros deixa muito cedo a escola, nem sempre sabendo que isso limitará suas primeiras escolhas, e a inserção ocupacional provocará quase sempre um ajuste das expectativas às condições objetivas de competição com outros trabalhadores mais qualificados. O ajuste ocorrerá ao longo de toda a vida, e embora, na maior parte das vezes, os trabalhadores sejam "escolhidos por suas escolhas" (Bourdieu, 1979), alimentarão a ilusão da "opção" pela autonomia, quando já não houver mais possibilidade de "escolher" o assalariamento em razão da idade ou de doenças profissionais ou da obsolescência de suas qualificações etc. A trajetória evasão escolar primeiro emprego precário ajuste de expectativas de emprego retorno à escola novos empregos precários inserção por conta própria é típica no Brasil, isto é, conta a história de parte substancial dos/as trabalhadores/as mais velhos/as.

Não é, porém, um destino unívoco de classe porque as famílias brasileiras são compostas de amálgamas das configurações que seus membros constituem ao se porem em campo para obter ou construir meios de vida. E na medida em que, em boa parte dos casos, está dada a possibilidade de inserção assalariada formal de alguns, informal de outros, mobilidade social ascendente de um ou outro, desclassificação ou "desfiliação" de outros tantos (Castel, 1998) etc., de tal modo que as probabilidades de trajetória de vida, se são compartilhadas por extensos coletivos de trabalhadores, o são em sua profunda heterogeneidade e complexidade. Se todos, a partir de certa idade, fazem parte da força de trabalho, nem todos farão parte do mercado de trabalho, ou deixarão de fazê-lo em determinado momento de suas trajetórias de vida.

Em suma, premidos pela necessidade de obter meios de vida numa ordem social mercantilizada, os trabalhadores demandam ou constroem oportunidades de inserção ocupacional, e o trabalho informal, por conta própria ou não regulado, figura entre as opções disponíveis. Opções que são, historicamente, parte dos horizontes de possibilidade de inscrição social das pessoas que vivem de seu trabalho, em ambientes, mais das vezes, caracterizados por profunda vulnerabilidade e precariedade, que tornam "natural" a aspiração, às vezes muito precoce, pela informalidade. E a informalidade, escolhida ou compulsória, nunca será "pura", já que compartilhará o espaço social de oportunidades com outras formas sociais do trabalho, sejam as que resultam do movimento dos trabalhadores em busca de meios de vida, sejam as ofertadas exogenamente pela ordem econômica.

Os três capítulos que compõem esta seção apresentam estudos sobre trabalhadores e trabalhadoras informais. Contudo, a revolução tecnológica representada pela plataformização das ocupações em segmentos inteiros da economia, e também as redes sociais, que estão na base dos estudos de caso aqui expostos, exige um refinamento da discussão que acabo de formular sobre como a informalidade, a meu juízo, deve ser pensada em países como o Brasil. Isso porque, uma das consequências do que se disse acima é a individualização da imensa maioria das atividades informais por conta própria (mas não do assalariamento informal, que, na verdade, mais do que informal, é ilegal). Quando muito, mobiliza-se um ou mais familiares e, mais raramente, círculos de amizade. Além disso, a atividade por conta própria é, em geral, circunscrita ao local de moradia do/a trabalhador/a, que depende, por isso, da renda disponível em seu entorno comunitário para seu sucesso ou fracasso (dois processos — individualização e circunscrição geográfica — que discuto em Cardoso, 2013, cap. 1).

Contudo, com base em dez anos de estudos qualitativos com distintos grupos de trabalhadores/as informais (em segmentos como limpeza, alimentação, beleza, transporte por aplicativos e outros), Cristina Marins mostra, em seu capítulo sobre as redes sociais e seus impactos sobre o trabalho, que as redes plataformizadas criam uma infraestrutura para as atividades informais de inúmeros/as trabalhadores/as, em muitos casos ampliando as oportunidades de renda, ao romper tanto a individualização da atividade quanto seu isolamento geográfico. As redes se tornam recursos adicionais (mas cada vez mais indispensáveis) mobilizados pelas pessoas em seu trabalho, para atingir clientes fora das proximidades de seu empreendimento ou atividade, no limite até mesmo fora de seu município; para obter informações sobre métodos e formas inovadoras de trabalho em sua atividade, com isso permitindo o aprendizado constante sobre o serviço ou mercadoria que a pessoa oferta etc. Além disso, seu estudo mostra que o sucesso nas redes por parte de um/a trabalhador/a informal, que pode se tornar um/a influencer e arrebanhar milhares, ou mesmo milhões de seguidores, cria um vetor de aumento de desigualdade antes impensável tendo em vista a homogeneidade de rendimentos da maioria das atividades por conta própria, antes dependentes, como afirmado, da renda do entorno comunitário dos empreendimentos.

Marins chama a atenção, ainda, para o impacto das redes sociais sobre a sociabilidade desses/as trabalhadores/as. Pessoas trabalhando num mesmo segmento que, pela natureza mesma da atividade informal como diaristas, manicures, confeiteiras etc., dificilmente teriam oportunidade de se encontrar, mesmo estando em regiões muito distintas, têm nas redes um lugar para troca de experiências, receitas, curtidas, além de uma forma de participar em grupos e mesmo promover encontros presenciais, com isso rompendo o isolamento social de sua atividade. Criando, pois, espaços de solidariedade que, sabemos, são o caldo de cultura das ações coletivas. Mas Cristina Marins não deixa de salientar que as redes "são também espaços de intensa competição, nas quais são destacadas virtudes individuais e ocultadas as dificuldades compartilhadas pelas novas classes trabalhadoras como forma de acessar novas fontes de renda". Nas atividades mediadas pelas plataformas, o acesso à qualidade de vida não é formulado na linguagem dos direitos do trabalho, mas na do sucesso econômico, logo, da competição[6], que é, no limite, individualizante.

O problema da organização coletiva dos/as trabalhadores/as informais aparece de forma mais clara no capítulo de Thays Monticelli,

---

6 Para a competição como elemento central da razão neoliberal, ver Dardot e Laval (2016).

sobre as novas configurações da ação sindical das empregadas domésticas, em sua relação com o feminismo. O estudo toma como ponto de partida o aplicativo Laudelina, desenvolvido pela Federação Nacional das Trabalhadoras Domésticas (Fenatrad), juntamente com a ONG feminista Themis — Gênero, Justiça e Direitos Humanos, voltado para a orientação dessas trabalhadoras sobre seus direitos, oferecendo ainda informações sobre canais para denúncias de abusos, sobre redes de apoio (como sindicatos) e várias outras funções. O estudo, também qualitativo e baseado em entrevistas semiestruturadas, mostra a grande dificuldade de organização coletiva das empregadas domésticas, e de penetração social da Fenatrad, isto é, sua transformação em mediador da construção de identidades coletivas (os termos são meus). Segundo Monticelli, essa dificuldade teria levado a Federação a se aproximar de ONGs feministas, levando a um processo de "onguização" de sua prática. Com esse termo, proposto por Sonia Alvarez para pensar a institucionalização do feminismo na América Latina nos anos 1990, Monticelli pretende capturar o processo de aproximação entre a Fenatrad e ONGs feministas, e a mudança em sua atuação política, tradicionalmente voltada para a luta por direitos trabalhistas, coroada pela regulamentação do trabalho doméstico através da PEC das Domésticas, de 2013. O foco passou a ser a luta pela formalização do trabalho doméstico, e ampliação da atuação política da Fenatrad junto à sociedade civil (junto a várias ONGs feministas, apesar dos conflitos apontados pela autora) e também ao Governo Federal e entidades internacionais.

Apesar dessa ampliação do escopo de atuação em duas frentes (poderes públicos e sociedade civil), que Monticelli nomeia "onguização", permanece o fato da baixa penetração da Federação em sua base social. O app Laudelina foi baixado por pouco mais de dez mil pessoas, num universo de quase seis milhões de empregadas domésticas. A autora atribui a baixa penetração sobretudo a problemas do app (sua forma pouco acessível e conteúdos com "linguagem jurídica"), mas o texto deixa claro que a dificuldade histórica do sindicalismo doméstico de penetrar em suas bases reside mais na característica principal da atividade: cada empregada trabalhando isolada num lar, repondo, portanto, o problema já apontado por Marins, da individualização da atividade de trabalho dificultando a organização política. Monticelli não trata da relação das domésticas com as redes sociais e seus possíveis impactos na construção de redes de sociabilidade e construção de identidades, então fica aqui a sugestão para pesquisas futuras.

Nesste aspecto (individualização da atividade informal, mesmo quando mediada por plataformas, dificultando a organização coletiva), o texto de Victor Piaia apresenta novidades importantes. Ele mostra como motoristas de Uber conseguiram superar seu isolamento por meio da interação no YouTube, e coordenar sua ação política contra o PLP 12/2024, que visava a regulamentar o trabalho da categoria.[7] O autor emprega metodologia de análise de redes de interação, compreendendo mais de três mil canais do YouTube, que compõem o núcleo da atividade dos motoristas de Uber na plataforma (que ele nomeia "ecossistema de produção e consumo de vídeos") e canais relacionados, ou redes que apresentam algum grau de associação com aquele ecossistema. Estão nesse grupo redes de informação sobre esporte, entretenimento, empreendedorismo e políticos de direita, tendo no núcleo o ex-presidente Jair Bolsonaro.

Novas lideranças emergiram no processo, na forma de "influencers" com grande penetração nos colegas de trabalho, capazes de formar opiniões e mobilizá-los politicamente, produzindo ação coletiva sem interação face-a-face e sem organização institucionalizada (num sindicato ou numa organização profissional), e bastante eficaz, já que a mobilização dos motoristas foi uma das razões para o Congresso retirar o projeto de pauta.

---

7 O autor lembra ainda o movimento "Breque dos Apps", ação coletiva que paralisou entregadores no Brasil inteiro em julho de 2020, e a formação de cooperativas de entregadores como novas formas de organização de trabalhadores plataformizados.

Piaia afirma que essas lideranças "adquirem esse status por meio da visibilidade conquistada a partir da lógica midiática e não pela validação de critérios de um campo ou pelo reconhecimento de pares ou superiores" (que o autor denomina "midiatização"). Trata-se, em sua visão, do "transbordamento da lógica comunicativa para as esferas da organização política e da relevância social", que "tende a diminuir os compromissos dessas lideranças de opinião com outros líderes ou instituições". Isso não quer dizer alienação política, já que é nítida a presença de canais da direita e extrema-direita entre as conexões do ecossistema dos motoristas, em particular o canal de Jair Bolsonaro.

Trata-se, portanto, de trabalhadores de uma plataforma (a Uber) fazendo uso de outra plataforma (o YouTube) para a informação, a troca de experiências, a construção de identidades e a ação política, tudo isso de forma não institucionalizada, portanto informal, ainda que coordenada pelos líderes de opinião.

Os estudos apresentados aqui mostram mudanças importantes no mundo do trabalho, decorrentes de sua plataformização. Mas mostram também que as mudanças não são unívocas. Se, como vem apontando Abílio (2023), plataformas como Uber e iFood são um poderoso mecanismo de ordenamento, centralização, subordinação e exploração do trabalho de um conjunto imenso de atividades informais antes desempenhadas de forma individualizada, descoordenada e atomizada no território, nas quais cabia ao trabalhador encontrar sua clientela, sendo, nesse sentido, muito instáveis e imprevisíveis, sobretudo quanto à renda; por outro lado Marins mostra que as redes sociais (em particular o Instagram) são apropriadas por inúmeras atividades informais como um recurso que lhes permite ampliar clientela e melhorar a renda. Estarmos atentos a essas diferenças é crucial para o bom entendimento das mudanças em curso.

REFERÊNCIAS

ABÍLIO, L. "Uberização: processos de informalização e novos modos de subordinação do trabalho". *In*: CARDOSO, A.; SANTOS, F.; CRIVELLI, E. (Orgs.). *Trabalho em transe*: raízes e efeitos políticos das mudanças no mundo do trabalho no Brasil. São Paulo: Contracorrente, 2023.

BOURDIEU, P. *La Distinction:* Critique Social du Jugement. Paris: Minuit, 1979.

BOURDIEU, P. "O espaço social e a gênese das "classes"", *in* idem, *O poder simbólico.* Rio de Janeiro: Bertrand Brasil, p. 133-161, 1989.

CARDOSO, A. *A construção da sociedade do trabalho no Brasil*: uma investigação sobre a persistência secular das desigualdades. Rio de Janeiro: FGV, 2010.

CARDOSO, A. *Ensaios de sociologia do mercado de trabalho.* Rio de Janeiro: FGV, 2013.

CASTEL, R. *As metamorfoses da questão social*: uma crônica do salário. Petrópolis: Vozes, 1998.

COLETTO, D. *The informal economy and employment in Brazil.* Nova York: Palgrave Macmillan, 2010.

DARDOT, P.; LAVAL, C. *A nova razão do mundo*: ensaio sobre a sociedade neoliberal. São Paulo: Boitempo, 2016.

GRANOVETTER, M. *Getting a job.* Cambridge: Cambridge University Press, 1974.

GRANOVETTER, M. "The sociological and economic approaches to labor market analysis: a social structural view". *In*: FARKAS, G.; ENGLAND, P. (Orgs.). *Industries, firms and jobs*: Sociological and economic approaches. Nova York: Plenum Press, 1998.

HART, K. Informal income opportunities and urban employment in Ghana. *Journal of Modern African Studies*, vol. 11, p. 61-89, 1973.

HART, K. "Bureaucratic form and the informal economy". *In*: GUHA-KHASNOBIS, B.; KANBUR, R.; OSTROM, E. (Orgs.). *Linking the formal and informal economy*: concepts and policies. Oxford: Oxford University Press, 2006.

LAUTIER, B. *L'économie informelle dans le Tiers Monde*. Paris: La Découverte, 2004.

LEWIS, O. *The children of Sanchez*. Autobiography of a Mexican family. Nova York: Random House, 1961.

NUN, J. "Superpoblación relativa, ejército industrial de reserva y masa marginal". *In*: *Revista Latinoamericana de Sociología*, vol. 5, p. 178-235, 1969.

NUN, J. *Marginalidad e exclusión social*. Buenos Aires: Fondo de Cultura Económica, 2001.

PALMER, R. "The informal economy in Sub-Saharan Africa: unresolved issues of concept, character and measurement". *In*: *Occasional Papers* nº 98. Centre of African Studies, Edinburgh University, 2004.

PASTORE, J. *A agonia do emprego*. São Paulo: LTr, 1997.

POCHMANN, M. *O emprego na globalização*. São Paulo: Boitempo. 2012.

QUIJANO, A. La formation du monde de la marginalite urbaine. *Espaces et Societés*, 1, p. 7-26, 1970.

QUIJANO, A. Notas sobre o conceito de marginalidade social. In: PEREIRA, L. (Org.). *Populações marginais*. São Paulo: Duas Cidades, 1978.

RIFKIN, J. *O fim dos empregos*. São Paulo: Makron Books, 1996.

SANTOS, W. G. dos. *Horizonte do desejo*. Instabilidade, fracasso coletivo e inércia social. Rio de Janeiro: FGV, 2006.

TOKMAN, V. E. *Una voz en el camino.* Empleo y equidad en América Latina: 40 años de búsqueda. Santiago: Fondo de Cultura Económica, 2004.

TOURAINE, A. La marginalité urbaine. *Boletín de Estudios Latinoamericanos y del Caribe*, vol. 22, p. 3-33, 1977.

INFORMAIS E HIPERCONECTADOS: PLATAFORMIZAÇÃO, REDES SOCIAIS E TRABALHO NO BRASIL PÓS-PANDEMIA

Cristina T. Marins

INTRODUÇÃO

Sabrina[1] está prestes a concluir a limpeza do banheiro em um dos imóveis onde costuma trabalhar como diarista. Equilibrando-se sobre um pequeno banco, ela segura o rodo com a mão direita e tenta alcançar a parte superior do espelho. A mão esquerda segura um smartphone para que ela possa registrar o trabalho em um vídeo que, em seguida, será tornado público no Instagram. Sabrina limpa, filma e conversa com a câmera simultaneamente. A sequência de stories trata das diversas vantagens de possuir um rodo especialmente desenhado para a limpeza de vidros. "Desde que passei a investir no meu material, faço o trabalho melhor e muito mais rápido", diz. E completa: "esse rodo aqui faz toda diferença, para limpar espelho e vidro, não tem coisa melhor".

---

1 Nomes e detalhes específicos das biografias de meus interlocutores foram alterados para preservar suas identidades.

No mesmo dia, Luana inicia a manhã na garupa da motocicleta de seu companheiro, a caminho de um supermercado na Zona Oeste carioca. O trajeto que liga a maior favela da América Latina à área comercial localizada no bairro vizinho é percorrido por ela semanalmente para a compra de insumos necessários à produção de salgadinhos. Depois de postar uma selfie que registra o final da viagem, Luana divulga uma série de vídeos. No primeiro, ela conduz seu carrinho até a seção de mercearia. Em seguida, ao retirar pacotes de farinha de trigo da prateleira, enquadra as etiquetas que exibem o preço do produto: "aí, tá vendo? Os preços não param de subir. Depois o povo vem reclamar que os salgados estão caros", diz.

Do outro lado da cidade, em uma das principais vias que ligam a Baixada Fluminense ao centro da cidade, André divide a atenção entre o trânsito lento, típico de uma manhã de sexta-feira, e a câmera ligada de seu smartphone. Como se estivesse falando com um conhecido a cada vez que encara o aparelho, ele lamenta ter começado a trabalhar no horário em que o congestionamento era previsível. O atraso é justificado, já que André precisara ir até a oficina para verificar um barulho na caixa de câmbio. Nos curtos vídeos que postou em série, André conta dos planos para maximizar seus ganhos naquele dia no final de semana: "minha estratégia hoje vai ser focar nas corridas curtas. E não paro até atingir minha meta".

Sabrina, Luana e André são moradores da região metropolitana do Rio de Janeiro. Os três fazem parte do imenso universo de trabalhadoras e trabalhadores brasileiros que que não possuem renda estável ou direitos fundamentais previstos pela Consolidação das Leis do Trabalho (CLT). Eles atuam em segmentos distintos, mas têm em comum o uso intensivo das redes sociais. Todos os dias, produzem, compartilham e consomem conteúdo pelo Instagram e pelo WhatsApp. Os três também compartilham o sentimento de que essas plataformas se tornaram imprescindíveis para o trabalho.

O Brasil é um dos maiores mercados consumidores de plataformas digitais de redes sociais do mundo. De acordo com o relatório "Digital

Brazil: 2024" (Kemp, 2024a), os usuários de internet brasileiros com idade entre 16 e 64 anos passam, em média, nove horas e treze minutos online por dia — número que inclui o tempo de conexão através de aparelhos celulares, mas também outros dispositivos como TV, tablets e computadores. Segundo dados apresentados nesse mesmo relatório, dentre os aplicativos de smartphone mais populares no Brasil, lideram o WhatsApp, o Instagram, o Facebook e o TikTok, além do YouTube. Se considerada conexão através de smartphones, os brasileiros ocupam a segunda colocação em tempo de uso da internet: são cinco horas e dezenove minutos ao dia (apenas um minuto a menos do que os primeiros colocados, os Filipinos) (Kemp, 2024b). Apesar dos números superlativos, as investigações sobre os efeitos das plataformas sobre a vida social no Brasil são ainda incipientes. São ainda mais raros os estudos que se debruçam sobre a relação entre uso de plataformas de redes sociais e o trabalho no país.

O principal objetivo deste capítulo é descrever os usos dessas plataformas por trabalhadoras e trabalhadores que, assim como Sabrina, Luana e André, exercem diferentes modalidades de trabalho informal. Ele argumenta que as plataformas controladas pelas empresas tecnológicas do Vale do Silício se imiscuíram tão profundamente nas vidas de trabalhadoras e trabalhadores brasileiros que assumiram um caráter infraestrutural nesse vasto mercado de trabalho. Ele defende, ainda, que esse fenômeno produz importantes repercussões econômicas, sociais e políticas.

O texto é baseado em mais de uma década de pesquisa etnográfica junto a trabalhadores informais. O primeiro ciclo da investigação, iniciado em 2011, focalizou o trabalho nos chamados eventos sociais.[2]

---

2 Posto que é ainda incipiente o interesse acadêmico por este importante segmento, vale o registro de pesquisas realizadas recentemente no campo das ciências sociais que indicam a relevância dos eventos sociais, tanto em termos econômicos quanto sociais. Em contexto internacional, ver Roberge (2007); Segalen (2005); Vasile (2015); Musaeva *et al.* (2018); Clarke (2007). No Brasil, ver Alencar (2014); Escoura (2019); Marins (2018); Marins *et al.* (2022) e Marins (2016).

Em 2021, foram incluídos novos segmentos de atividades laborais, com o objetivo de investigar se as mudanças decorrentes de novas tecnologias nas vidas de trabalhadores do setor de eventos se verificavam também entre setores mais amplos do mercado de trabalho brasileiro. Buscando compreender como trabalhadores atuantes em contextos periféricos percebem a evolução das condições de trabalho e de vida nos últimos anos, como forjam suas percepções políticas, como a internet e as redes sociais colaboram para moldar suas experiências e visões de mundo, passei a realizar trabalho de campo junto a trabalhadoras e trabalhadores que atuam nos segmentos de transporte de passageiros mediado por aplicativos, cuidados pessoais, trabalho doméstico, produção e venda de alimentos.[3]

Nos mais de dez anos de pesquisa qualitativa, combinei diversas técnicas de investigação, tomando como base o acúmulo de discussões que chamam atenção para a necessidade de renovação constante de instrumentos metodológicos na antropologia (Gupta; Ferguson, 2002; Marcus, 1995; Markowitz, 2001; Sanjek; Tratner, 2016). Nesse sentido, ainda que a pesquisa tenha se baseado nas interações pessoais com trabalhadoras e trabalhadores na cidade do Rio de Janeiro, também fiz uso extensivo de ferramentas digitais para a investigação (análise de redes sociais, blogs, websites, fóruns online, plataformas de ensino e streaming de vídeos).[4] Ao todo, o trabalho de campo compreendeu setenta e oito entrevistas em profundidade, oito grupos focais com setenta e dois participantes, inúmeras horas de conversas informais e observação participante.

3 De forma mais pontual, também foram observadas no curso da investigação outros segmentos de trabalhadores informais, incluindo artesãos, prestadores de serviços automotivos, motoristas (frete), entregadores, churrasqueiros, revendedores de roupas, DJs, organizadores de residências, recreadores, guias de turismo, cuidadoras, barraqueiros, personal trainers, passeadores de cachorro e especialistas em pequenos reparos residenciais.

4 Para uma reflexão sobre as potencialidades e limitações desta forma de fazer pesquisa etnográfica, ver Marins (2020).

A NOVA INFRAESTRUTURA DA INFORMALIDADE

É fato amplamente reconhecido que o mundo do trabalho tem passado por grandes transformações. Com o uso de novas tecnologias digitais em diversos setores econômicos, tarefas repetitivas e manuais têm sido crescentemente substituídas por máquinas, mecanismos de vigilância emergentes monitoram as atividades laborais de modo inédito e parcela considerável do trabalho passa a ser realizado remotamente. Mudanças como essas transformam inúmeros aspectos da vida social e, por consequência, têm gerado reflexões profícuas em campos do conhecimento como o das ciências sociais, da comunicação, da economia e do direito. No Brasil, a produção bibliográfica que trata das mudanças no mundo do trabalho tem sido especialmente profusa ao descrever e analisar a vertiginosa expansão de plataformas projetadas para intermediar a prestação de serviços, em especial nos setores de entregas e transportes como Uber e IFood.[5]

Embora esses estudos sejam fundamentais para a compreender uma vertente das transformações em curso no mercado de trabalho brasileiro, são ainda incipientes as análises que focalizam os efeitos das plataformas de redes sociais sobre o mundo do trabalho. Se levarmos em conta que o Brasil é hoje um dos maiores mercados globais das plataformas de novas mídias digitais, tanto em número de usuários quanto em tempo de uso, então esta lacuna parece particularmente preocupante.

Nos últimos anos, plataformas controladas por grandes corporações sediadas no Vale do Silício (como é o caso do Facebook, WhatsApp, Instagram e YouTube) ou em Beijing (com a plataforma TikTok) passaram a integrar o cotidiano dos brasileiros, impactando profundamente a nossa vida social. Embora ainda faltem dados que estimem o tamanho desse impacto em termos quantitativos, a pesquisa etnográfica que deu origem a este capítulo sugere que também são profundos

5 Ver, por exemplo, os trabalhos de Abílio, 2020; Antunes, 2023; Braga, 2020; Machado; Zanoni, 2022; Oliveira; Silva, 2021.

os impactos das redes sociais sobre as vidas de trabalhadores informais — um fenômeno acelerado pela pandemia da COVID-19. Procurando entender a extensão do uso dessas plataformas para o cotidiano trabalho, constatei que, de modo geral, para todos os segmentos estudados, os usos das plataformas são intensos, ainda que heterogêneos.

Dentre os segmentos investigados, o de produção e comercialização de alimentos é o que mais diretamente depende dessas plataformas. Formado majoritariamente por mulheres que vivem da venda de marmitas, doces, salgados, pães e bolos, trata-se de um segmento reorganizado pelos usos das diversas plataformas. Dessas, o Instagram é a mais utilizada, tanto para exibir a produção e anunciar promoções, quanto para o aprendizado de técnicas. O WhatsApp é a plataforma mais utilizada para o contato entre trabalhadoras e clientes, embora as caixas de trocas de mensagens do Instagram e Facebook também cumpram esta função. Através do aplicativo mais popular do país, são feitas encomendas, são negociados pagamentos e são organizadas entregas. "Quando o WhatsApp cai, é um desespero", como resumiu uma confeiteira com o assentimento das demais participantes de um grupo focal que coordenei.

Se o fluxo de vendas (e, consequentemente, a renda das trabalhadoras) do segmento de alimentos corre o risco de ser reduzido a zero com a interrupção do funcionamento das plataformas, também a renda dos trabalhadores do segmento de cuidados pessoais tem se tornado gradativamente dependente das redes sociais. Mesmo que boa parte de serviços de manicure, depilação e barbearia sejam prestados em espaços físicos acessíveis aos clientes que transitam pelo espaço urbano, trabalhadoras e trabalhadores deste setor afirmaram que, especialmente após a pandemia, as plataformas passaram a integrar a rotina de trabalho, frequentemente ao ponto de se tornarem ferramentas indispensáveis. Muitos deles possuem duas contas de WhatsApp, sendo uma delas comercial. Trabalhadoras e trabalhadores desse segmento costumam utilizar, por exemplo, as funcionalidades de "status" e das "listas de transmissão" para comunicar aos clientes sobre os horários vagos na agenda. Manicures postam no Instagram fotografias de unhas feitas, por vezes intercaladas com "mensagens positivas", como disse uma interlocutora certa vez, "para desenvolver o relacionamento com as clientes". Especialmente os barbeiros, mas também as trabalhadoras do setor, afirmam que boa parte de sua clientela conheceu seu trabalho nas redes sociais e tornam a contratar seus serviços através do conteúdo que circula online.

Para além da divulgação dos serviços para clientes e potenciais clientes, as trabalhadoras e os trabalhadores indicam que as plataformas de redes sociais se tornaram indispensáveis nos últimos anos porque elas passaram a possibilitar o aprendizado constante. Pelas redes, chegam às trabalhadoras e trabalhadores uma ampla oferta de cursos, workshops, programas de mentoria e consultorias voltadas ao trabalho, agora consideradas fundamentais para a permanência no mercado de trabalho. Faxineiras e diaristas, por exemplo, contam que, pelas redes, aprendem novas técnicas de limpeza e de "profissionalização". Assim explicou Aline, sobre seu aprendizado: "Eu tive que procurar no YouTube... técnicas de limpeza de vidro, produtos que removessem sujeira com mais facilidade, porque a sujidade que eu encontro na minha casa é diferente do que eu encontro na casa das pessoas". Já entre motoristas de aplicativos, ouvi inúmeras vezes que "se o sujeito não sabe trabalhar, ele troca papel", significando que é consensual no campo de pesquisa a percepção de que parcela importante dos trabalhadores não obtêm lucro com as corridas. Como forma de evitar integrar esse grupo, motoristas usam o YouTube, o Instagram e o WhatsApp para obter informações de trânsito, se informar sobre as frequentes mudanças nas regras dos aplicativos que mediam seu trabalho e aprender "estratégias" que lhes permitam aumentar seus ganhos.

O uso intensivo que motoristas fazem das redes sociais, aliás, é revelador sobre a extensão dos efeitos destas formas sobre o mundo do trabalho para além das atividades que dependem dela diretamente. Se, ao contrário do que ocorre com trabalhadores que atuam em segmentos como alimentação e cuidados pessoais, as atividades redes sociais não têm relação com o fluxo de clientes diretamente mediado por plataformas que gerenciam o trabalho mais diretamente, os dados de campo demonstram que, para esses trabalhadores, as redes sociais cumprem a função principal de intermediar a sociabilidade — um papel que as plataformas desempenham também para outros segmentos e que produz repercussões econômicas, sociais e políticas.

EFEITOS DO USO INTENSIVO DAS REDES SOCIAIS

Tanto no debate público quanto na academia, são comuns as referências à crescente fragmentação do mundo do trabalho nas últimas décadas. Tomando como marco comparativo o trabalho organizado pelas fábricas, argumenta-se que as novas classes trabalhadoras têm visto declinar seu poder de organização e luta por direitos na medida que se torna heterogênea. Se é verdade que esta crescente heterogeneidade das classes trabalhadoras (por exemplo, em termos de renda e de acesso a direitos) produz impactos significativos sobre os modos como elas se organizam ou, ao contrário, se fragmentam, a análise dos usos das redes sociais aponta novos caminhos para a reflexão sobre estes processos. Nas linhas que seguem, apresento a hipótese da emergência de um importante agente (des)organizador de trabalhadoras e trabalhadores informais no Brasil, a saber, as redes sociais e a lógica algorítmica que as governa.

Mencionei na seção anterior que as plataformas têm cumprido importante função de sociabilidade entre os trabalhadoras e trabalhadores. Em termos concretos, isso tem a ver com duas dinâmicas de interação inauguradas pelas redes. A primeira diz respeito a pessoas que atuam em um mesmo segmento, mas que teriam poucas chances de encontro, não fosse suas atividades online. São diaristas, motoristas, confeiteiras, manicures e barbeiros que atuam em pontos distantes (da cidade ou mesmo do país), mas que passam a interagir diariamente "curtindo" mutuamente os conteúdos veiculados nas redes, participando de grupos, trocando mensagens particulares e, em certos casos, promovendo encontros pessoais. O modo como relacionamentos desse tipo vem se desenvolvendo desafia — em certo grau, pelo menos — a ideia de que a ausência do chão de fábrica significa também a ausência de espaços de sociabilidade das novas classes trabalhadoras. Pelas redes, elas compartilham o cotidiano do trabalho e criam novos laços de solidariedade, por exemplo, ao desabafar sobre clientes, exibir suas conquistas, pedir ajuda ao se deparar com dificuldades e trocar experiências.

Um segundo tipo de dinâmica que surgiu com a popularização das redes sociais no Brasil tem a ver com a emergência de novos atores sociais que, na literatura acadêmica sobre mídias digitais, têm sido chamados de influencers. Fazendo pesquisa de campo, aprendi sobre a existência de pessoas que angariaram, nos últimos anos, dezenas de milhares de seguidores produzindo conteúdo para trabalhadores informais. Cito como exemplo de influencer que encontrou um nicho de mercado nos trabalhadores informais, Humberto Celanti, engenheiro agrônomo que conta ter abandonado a profissão para se dedicar a faxinas compartilhando o dia a dia do trabalho no Instagram. No momento que escrevo este capítulo, em setembro de 2024, Celanti possui um canal no YouTube com quase 400 mil inscritos, além de uma conta no Instagram seguida por mais de 170 mil usuários. Diversas de minhas entrevistadas que atuam como faxineiras e diaristas fizeram menção a seus vídeos, sinalizando que Celanti se tornou, nos últimos anos, uma figura de referência importante no segmento. O curso que ele oferece, "Formação em personal cleaner", promete o aprendizado de "técnicas de limpeza ágil" e "mudança de mentalidade" para quem "deseja aprender como ganhar de 3 a 6 mil reais como diarista e ainda escolher os seus clientes".

Ainda que o conteúdo mencionado acima seja dirigido a um segmento de trabalho específico, é importante ter em mente que versões de influencers como Humberto espalham-se por quase todos os segmentos compreendidos em minha investigação. São motoristas de aplicativo[6], confeiteiras, barbeiros, esteticistas que fizeram fama nas

---

6 Para um tratamento mais detido dos impactos do uso intensivo das redes sociais entre motoristas de aplicativo, ver Marins e Rezende (no prelo).

redes e passam a contar com novas fontes de renda ao encarnar novos modelos de sucesso. Trabalhadores que aspiram ascender socialmente com o aprendizado de novas técnicas de trabalho e modelos comportamentais específicos formam o público desses influencers. A relação entre influencers e trabalhadores informais pode envolver apenas o consumo de conteúdo gratuito disponibilizado nas redes. Mas a relação pode incluir também interações diretas (pessoais ou mediadas pelas plataformas), bem como a compra de programas de treinamento e mentoria, a exemplo daquele oferecido por Celanti.

São muitas as consequências das dinâmicas de interação inauguradas pelas redes sociais. Sabendo que não será possível examiná-las a fundo em um texto tão sucinto, ressalto que, na medida que assumiram caráter infraestrutural no mercado de trabalho informal brasileiro, as redes contribuíram para a ampliação das desigualdades entre trabalhadores e, ao mesmo tempo, para enfraquecer a instâncias de luta coletivas. Comecemos pelo primeiro ponto.

Com exceção do transporte de passageiros mediado por aplicativos, os segmentos de trabalhadores observados na pesquisa que dá origem a este capítulo atuam no país há décadas. Mesmo que não disponhamos de registros históricos da distribuição de renda no interior de cada um desses segmentos, é razoável supor a inexistência de grandes disparidades de rendimentos entre trabalhadores, já que estes atendiam a uma clientela circunscrita ao bairro de atuação que remunerava prestadores de serviços a partir de valores pré-fixados.

Diante os altos custos dos anúncios publicitários, as relações entre trabalhadores informais e consumidores se dava, fundamentalmente, a partir de redes de relações pessoais, de indicações de conhecidos ou por proximidade geográfica (uma placa na frente de uma casa que anunciasse serviços de manicure e pedicure, por exemplo, atraía clientes). Com a popularização das redes sociais, entretanto, as fronteiras geográficas são, ao menos potencialmente, superadas. Barbeiros e confeiteiras, para citar dois exemplos, uma vez capazes de se destacar nas novas mídias, ganham acesso a uma clientela maior e/ou disposta a pagar mais por seus serviços, aumentando assim a desigualdade entre trabalhadores. Mesmo os motoristas, que não ampliam acesso aos passageiros por produzirem conteúdo nas redes, ao se destacar como produtores de conteúdo nas redes sociais, ganham acesso a novas formas de remuneração, incluindo comissões pelas indicações de produtos e serviços automotivos (seguros, manutenção de veículos e vendas de peças, por exemplo) e programas de treinamento semelhantes àquele citado acima. Em suma, ao serem reconhecidos pelos pares como trabalhadores bem-sucedidos em suas respectivas áreas de atuação, eles passam a obter novas fontes de renda. Emerge assim uma nova hierarquia no novo mundo do trabalho nas quais os trabalhadores e trabalhadoras formam um mercado consumidor.

Ligada às novas hierarquias forjadas com a popularização das plataformas de redes sociais, chama atenção também o conteúdo produzido e replicado por trabalhadores. Neles, predomina o princípio de que o indivíduo carrega em seu interior os recursos necessários para a obtenção de sucesso. Persistência, criatividade, capacidade de "pensar fora da caixa" e disposição para encarar rotinas extenuantes estão entre as virtudes mais celebradas pelos trabalhadores. De modo contrário, queixas sobre as condições precárias de trabalho e de vida são desprezadas e reduzidas a uma categoria de acusação muito presente no campo, a saber: o "mimimi". "Trabalhar mais e reclamar menos" parece ser

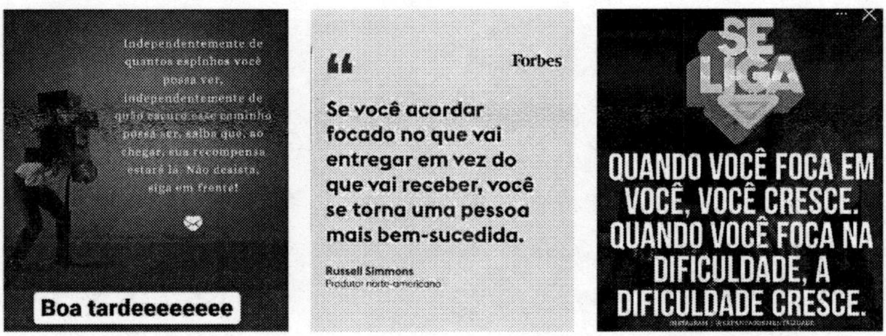

Figura 1. Conteúdos compartilhados por uma doceira, uma diarista e um motorista de aplicativos respectivamente.

uma espécie de divisor moral entre trabalhadores com disposição para buscar por si mesmos melhores condições de vida e aqueles considerados preguiçosos, passivos e dependentes.

Cabe notar que, ao longo de minha pesquisa, não faltaram sinais de que trabalhadoras e trabalhadores tinham plena consciência das duras condições que enfrentam para garantia de subsistência. Em conversas informais, nos grupos focais e nas entrevistas, ouvi inúmeras referências ao desgaste físico causados pelo trabalho, às inúmeras formas de violência simbólica presentes no cotidiano do trabalho e à vulnerabilidade diante de imprevistos que podem impossibilitar o trabalho e se traduzir em completa ausência de renda. Ainda assim, no espaço das redes, buscando ostentar virtudes pessoais, trabalhadoras e trabalhadores tendem a destacar conquistas individuais enquanto as dificuldades experimentadas coletivamente tendem a ser ocultadas no espaço público das redes.

CONSIDERAÇÕES FINAIS

Há tempos, as brasileiras e os brasileiros que atuam no mercado de trabalho informal somam uma parcela muito significativa da população. Embora saibamos que o acesso às proteções trabalhistas ligadas ao emprego seja um problema histórico no contexto brasileiro, é preciso olhar para esses segmentos de trabalhadoras e trabalhadores levando em conta as profundas transformações sociais observadas nos últimos anos em decorrência de novas tecnologias e do processo de datificação da economia. Diante da restruturação de setores industriais e de serviços, sabe-se ainda muito pouco sobre as classes trabalhadoras que vêm emergindo nesse contexto. Este capítulo buscou avançar no desafio de compreender melhor as novas configurações do trabalho, em especial no Brasil pós-pandemia.

Trabalhadoras e trabalhadores que passaram a depender das plataformas de redes sociais estão imersos em um universo concebido pela engenharia comportamental, institucionalizado em arquiteturas completas e vastas de modificação de comportamento através da mediação computacional, como caracterizado por Zuboff (2019). As consequências desse processo são muitas e, neste texto, pude tangenciar algumas delas. Se, por um lado, as redes colaboram para a criação e manutenção de laços de solidariedade e ajuda mútua entre trabalhadoras e trabalhadores, elas são também espaços de intensa competição, nas quais são destacadas virtudes individuais e ocultadas as dificuldades compartilhadas pelas novas classes trabalhadoras como forma de acessar novas fontes de renda.

Segmentos inteiros de trabalhadores que à primeira vista parecem ter pouco a ver com essas plataformas, quando observados de perto, revelam relações muito estreitas entre o cotidiano da luta pela sobrevivência e as estruturas digitais administradas por grandes empresas tecnológicas sediadas no Vale do Silício. Para alguns trabalhadores, plataformas como o Instagram, o YouTube, o Facebook e o WhatsApp são usadas de modo intensivo como modo de suportar períodos longos de labuta. Para outros, elas são fonte de aprendizado, servem para a interação com outros colegas ou para a compra de insumos indispensáveis para o trabalho. Há ainda uma parcela considerável de trabalhadores que passaram a depender diretamente das redes para sobreviver. A arquitetura das plataformas de redes sociais, em especial do Instagram, insere as trabalhadoras e trabalhadores em uma lógica de validação digital hiperindividualista, na qual são travadas disputas diárias por curtidas, visualizações e compartilhamentos. Embora seja importante reconhecer que as redes sociais desempenhem, em muitos casos, um papel de coesão das trabalhadoras e trabalhadores, o material empírico indica a predominância de um efeito fragmentador e de ampliação das desigualdades entre elas e eles.

REFERÊNCIAS

ABÍLIO, L. C. "Uberização e juventude periférica. Desigualdades, autogerenciamento e novas formas de controle do trabalho". *In*: *Novos Estudos CEBRAP*, vol. 39, no. 3, 2020: 579-597.

ALENCAR, B. R. D. O. "Tradição e modernidade: o noivado como rito de passagem em Belém do Pará". *In*: *Revista Margens Interdisciplinar*, vol. 8, no. 11, 10 ago 2014: 27.

ANTUNES, R. (Org.). *Icebergs à deriva*: O trabalho nas plataformas digitais. São Paulo: Boitempo, 2023.

BRAGA, R. *A tempestade perfeita*: autoritarismo, trabalho e pandemia. [*S. l.*], 2020.

CLARKE, A. J. "Consuming children and making mothers: birthday parties, gifts and the pursuit of sameness". *In*: *Horizontes Antropológicos*, vol. 13, 2007: 263–287.

ESCOURA, M. *Fazer festa é uma guerra*: relações entre vestidos, noivas, anfitriões e convidados na organização de casamentos. 2019. Tese de Doutorado em Ciências Sociais — Universidade Estadual de Campinas, 2019. Disponível em: **https://repositorio.unicamp.br/acervo/detalhe/1088544**. Acesso em: 25 maio 2021.

GUPTA, A.; FERGUSON, J. (Org.). *Anthropological Locations:* Boundaries and Grounds of a Field Science. Berkeley, CA: University of California Press, 2002.

KEMP, Simon. Digital 2024: Brazil. *Datareportal*, 23 de fevereiro de 2024a. Disponível em: **https://datareportal.com/reports/digital-2024-brazil**.

KEMP, Simon. Digital 2024: Global Overview Report. *Datareportal*, 31 de janeiro de 2024b. Disponível em: **https://datareportal.com/reports/digital-2024-global-overview-report**.

MACHADO, S.; ZANONI, A. P. *O trabalho controlado por plataformas digitais*: dimensões, perfis e direitos. Curitiba: UFPR — Clínica Direito do Trabalho, 2022.

MARCUS, G. E. "Ethnography in/of the World System: the emergence of multi-sited ethnography". *In*: *Annual Review of Anthropology*, vol. 24, 1995: 95–117.

MARINS, C. T. *Entre palcos e flashes*: reflexão etnográfica sobre trabalho, construção de reputação e circuitos de consagração de fotógrafos de casamento. 2018. Tese de Doutorado em Antropologia — Universidade Federal Fluminense, 2018.

MARINS, C. T. "Internet e trabalho de campo antropológico: dois relatos etnográficos". *In*: *Ponto Urbe*, no. 27, 28 dez. 2020. Disponível em: **http://journals.openedition.org/pontourbe/9067**. Acesso em: 23 abr. 2023.

MARINS, C. T. *et al.* "Subjetividade empreendedora entre fotógrafos e produtores de vídeo brasileiros impactados pela Covid-19: uma abordagem exploratória". *In*: *Política e Trabalho*, nº. 56, 2022: 137-154.

MARINS, C. T; REZENDE, R. "Dinâmicas de competição e solidariedade entre motoristas de aplicativos no Rio de Janeiro". *In*: *Ciências Sociais em Revista*, vol. 61 (no prelo)

MARINS, C. T. *Quando o céu é o limite*: um olhar antropológico sobre o universo dos casamentos e dos cerimonialistas. Niteroi: EDUFF, 2016.

MARKOWITZ, L. "Finding the field: notes on the ethnography of NGOs". *In*: *Human Organization*, vol. 60, 2001: 40–46.

MUSAEVA, M. K.; GARUNOVA, S. M.; CHENCINER, R. "City weddings in daghestan: a new version of old tradition, or adaptation to global trends of urbanization?" *In*: *History, Archeology and Ethnography of the Caucasus*, vol. 14, 2018: 166–172.

OLIVEIRA, R. V. de; SILVA, A. R. da (Org.). *Trabalho & pandemia*: informalidade, precarização e suas múltiplas relações. São Paulo: Annablume, 2021.

ROBERGE, M. "En guise de conclusion: pour une relecture de nos rituels dans la société contemporaine". *In*: *Ethnologies*, vol. 28, 2007: 213–222.

SANJEK, R.; TRATNER, S. W. (Org.). *eFieldnotes*: The Makings of Anthropology in the Digital World. Philadelphia, PA: University of Pennsylvania Press, 2016.

SEGALEN, M. "L'invention d'une nouvelle séquence rituelle de mariage". *In*: *Hermès*, vol. 43, 2005.

TRABAJO, O. I. del. *Perspectivas sociales y del empleo en el mundo 2021:* El papel de las plataformas digitales en la transformación del mundo del trabajo. Genève 22: International Labour Organisation (ILO), 2021.

VASILE, M. "Ritual inflation and money gifts in Transylvania". *In*: HANN, C.; GUDEMAN, S. (Org.). *Economy and Ritual:* Studies of Postsocialist Transformations. Max Planck Studies in Anthropology and Economy. Londres: Berghahn Books, 2015.

ZUBOFF, S. *The Age of Surveillance Capitalism*: The Fight for a Human Future at the New Frontier of Power. Londres: Profile books, 2019.

APP LAUDELINA: NOVAS CONFIGURAÇÕES DE AÇÃO SINDICAL E DO FEMINISMO

Thays Monticelli

INTRODUÇÃO

O objetivo deste capítulo é analisar as novas configurações de ação sindical das trabalhadoras domésticas em parceria com ONGs feministas. A partir do aplicativo Laudelina, busca-se compreender como a articulação de alianças políticas realizadas pela Fenatrad (Federação Nacional das Trabalhadoras Domésticas) compõe um novo cenário de ação sindical, aproximando-se de uma "onguização" (Alvarez, 2009). Essa conjuntura apresenta novas convergências entre feminismo e trabalho doméstico, bem como desafios em termos de realização e efetivação de estratégias políticas.[1]

---

1 Esta pesquisa faz parte do projeto "Feminismo, trabalho doméstico remunerado e coronavírus: desfechos do feminismo de Estado?", financiado pela Faperj (PROCESSO SEI E-26/202.008/2020). Além disso, gostaria de agradecer a Letícia Silveira Souza de Paula, bolsista de Iniciação Científica (PIBIC/CNPq), que contribui para a coleta de dados e reflexões do capítulo. Agradeço também aos preciosos comentários feitos no Seminário "Reconfiguração da modernidade brasileira: tendências e desafios", realizado no IESP-UERJ em maio de 2024, quando uma versão desta pesquisa foi apresentada. Agradeço também a Jonas Delecave pelos comentários e leitura atenta.

A Fenatrad foi fundada em 1997 com o objetivo de criar uma associação dos sindicatos de trabalhadoras domésticas. Atualmente, conta com 22 sindicatos e uma associação, oriundos de 13 estados brasileiros.[2] Contudo, a história do movimento político dessa categoria inicia em 1936, com a primeira "Associação dos Trabalhadores Domésticos" de Santos (SP), criada por Laudelina de Campos Melo (Bernadino-Costa, 2015). Desde sua formação, as associações de trabalhadoras domésticas foram se expandindo por todo o território nacional. O processo de organização e fortalecimento da participação ativa das trabalhadoras domésticas se consolidou durante as décadas de 1960 e 1970, com os incentivos da JOC (Juventude Operária Católica) e, posteriormente, com a efervescência dos movimentos sociais contra a ditadura militar. A maior parte das associações se transformou em sindicatos após a Constituinte de 1988 (Bernadino-Costa, 2015).

É importante ressaltar que, ao longo da trajetória política dos sindicatos de trabalhadoras domésticas, a conquista de direitos trabalhistas sempre foi elencada como a principal pauta do movimento (Araujo; Monticelli; Acciari, 2021). As trabalhadoras domésticas foram excluídas da Consolidação das Leis do Trabalho (CLT) em 1943, e somente em 1972, por meio da Lei nº 5.859, foi garantida a carteira de trabalho assinada, férias anuais de 20 dias e os serviços da previdência social. A Constituição de 1988 assegurou, de forma mais expressiva, direitos trabalhistas. No entanto, a grande conquista de direitos — inclusive em termos simbólicos e midiáticos — veio em 2013, com a aprovação da "PEC das Domésticas" e sua regulamentação pela Lei Complementar 150/2015, quando essa categoria profissional passou a gozar dos mesmos direitos que as/os demais trabalhadoras/es brasileiras/os.

Além da conquista de direitos trabalhistas, os sindicatos também se dedicavam inicialmente a ampliar a consciência de classe das trabalhadoras domésticas, alertando para que os laços afetivos e moradia na casa dos empregadores não fossem percebidos como relações familiares, mas

---

2 Ver informações em **https://fenatrad.org.br/**.

sim como relações contratuais (Castro, 1992; Carvalho, 2008; Fontes *et al.*, 2018). As estratégias políticas dos sindicatos de trabalhadoras domésticas sempre se diferenciaram de outros sindicatos devido às especificidades da profissão: o isolamento da trabalhadora doméstica (cada mulher trabalha em uma casa, dificultando a união para reivindicações ou greve); a isenção do imposto sindical (mesmo depois da PEC das Domésticas), que traz desafios para o cotidiano nos sindicatos; baixa representatividade (poucas trabalhadoras filiadas). Essas características sempre trouxeram um caráter singular para o sindicato de trabalhadoras domésticas, tornando as parcerias com outros movimentos sociais e o diálogo mais profícuo com o Estado fundamentais para a vitalidade sindical (Monticelli; Fraga, 2023).

Assim, as articulações com outros movimentos sociais, como o movimento negro, o movimento feminista e as centrais sindicais sempre estiveram presentes na história dos sindicatos de trabalhadoras domésticas. Contudo, essas aproximações e articulações eram estabelecidas principalmente por meio de participações em encontros, congressos, visando criar uma base mais ampla de parcerias que pudesse pressionar o poder público em relação às pautas políticas elencadas (Oliveira *et al.*, 2020). Atualmente, em uma conjuntura que une as consequências da pandemia da COVID-19, os retrocessos em termos de direitos trabalhistas (desde os governos de Michel Temer e Jair Bolsonaro) e o cenário de transformações no trabalho doméstico, como por exemplo, o aumento do número de diaristas nos centros urbanos, a precarização e o envelhecimento da categoria têm modificado as ações sindicais e as estratégias políticas realizadas em parcerias com ONGs feministas. Observa-se que a reivindicação de direitos está sendo gradualmente substituída por um tipo de atuação política que se aproxima de uma "onguização".

O conceito de "onguização" foi definido por Sonia Alvarez (2001, 2009, 2014) como o processo de institucionalização que ocorreu com o movimento feminista na América Latina durante os anos 90 e início dos anos 2000, em que as primeiras ONGs feministas foram fundadas, trazendo um processo de "verticalização" ao dialogar mais estreitamente com o Estado e com instituições financiadoras. Entre as características fundamentais desse processo, Alvarez destaca a "parceria" entre o Estado e ONGs para desenvolver programas de "ajuste social" — muitas ONGs foram convidadas pelo Estado para executar programas voltados para mulheres urbanas e rurais das camadas mais populares. O financiamento internacional possibilitou a "profissionalização" do feminismo e o reconhecimento dessas ONGs como "interlocutoras" por instituições como a ONU e a OIT, por exemplo. Em resposta aos investimentos internacionais e aos programas do Estado, muitas ONGs criaram programas de "metas alcançáveis de empoderamento" por meio de oficinas, fóruns, cursos e intervenções técnicas em programas estatais. Isso resultou em um perfil feminista mais "cultural-político", com pouca margem para defender reformas substanciais e fazer críticas aos governos. Apesar de Sonia Alvarez analisar diretamente o movimento feminista, o seu conceito tem sido empregado para compreender a trajetória de outros movimentos sociais, como por exemplo, do movimento LGBTI e do movimento negro (Facchini; Carmo; Lima, 2020). Neste capítulo, o conceito nos inspira igualmente para analisar o movimento sindical de trabalhadoras domésticas.

Para iluminar o processo de "onguização" das estratégias políticas da Fenatrad, trazemos como exemplo a construção e desenvolvimento do Aplicativo Laudelina. Para a realização desta pesquisa, foram conduzidas entrevistas semiestruturadas, realizadas entre 2017 e 2023, com integrantes da Fenatrad e de ONGs feministas: Cfêmea (Centro Feminista de Estudos e Assessoria), Criola, Themis — Gênero, Justiça e Direitos Humanos, SOS Corpo — Instituto Feminista para a Democracia. Além das entrevistas, foi feita análise de conteúdo do aplicativo Laudelina — uma plataforma voltada para a organização e maior divulgação dos direitos das trabalhadoras domésticas. A análise de conteúdo buscou identificar temas recorrentes e os principais desafios enfrentados pelas trabalhadoras domésticas na utilização de tal tecnologia.

O capítulo segue com a contextualização breve dos encontros e desencontros entre o feminismo e o trabalho doméstico, ressaltando o período de alianças políticas atuais. Apresenta-se, depois, o Aplicativo Laudelina e as perspectivas de "onguização" correlacionadas com essa estratégia política.

FEMINISMO E TRABALHO DOMÉSTICO: BREVE TRAJETÓRIA ENTRE APROXIMAÇÕES, DESCONFIANÇAS E ALIANÇAS

Os primeiros encontros entre associações de trabalhadoras domésticas e feministas surgiram na década de 1970 e 1980, com verdadeiras dificuldades de convergências políticas em relação às pautas e a maneira divergente que estes movimentos pensavam o "trabalho doméstico". Enquanto o movimento feminista investia na libertação das mulheres em relação aos papéis tradicionais de gênero, a domesticidade, a dependência financeira do casamento tradicional e a vinculação aos trabalhos de cuidado e tarefas domésticas, para as trabalhadoras domésticas, o "trabalho doméstico" representava uma das principais fontes de emprego para mulheres com baixa escolaridade, advindas das periferias e majoritariamente negras. Ou seja, a "libertação" defendida pelas feministas era entendida pelas trabalhadoras domésticas como uma ameaça à sua principal forma de sustento (Pereira de Melo, 1989; Castro, 1992; Monticelli, 2021a). Esse impasse gerou uma aproximação marcada pela desconfiança e evidenciou uma das principais contradições do feminismo brasileiro, conforme apontado pelas teóricas do feminismo negro (Bairros, 2008; Silva, 2018).

O encontro entre feministas e trabalhadoras domésticas (sindicalistas) voltou a ocorrer com maior proximidade durante o primeiro governo Lula (2003-2011), período marcado pelo fortalecimento do "feminismo de Estado" e por um diálogo mais intenso com o movimento sindical de trabalhadoras domésticas. Esse processo foi especialmente relevante para a implementação do programa Trabalho Doméstico Cidadão, a construção da Convenção 189 da OIT e as articulações que culminaram na aprovação da PEC das Domésticas –— conquistas fundamentais para a categoria de trabalhadoras domésticas, articuladas em conjunto com a Fenatrad, a SPM (Secretaria Especial de Política para Mulheres) e a SEPPIR (Secretaria Especial de Políticas de Promoção da Igualdade Racial). Embora essa aproximação tenha sido marcada por tensões e desconfianças, a incorporação da perspectiva da opressão racial — não somente a de gênero — abriu novas formas de diálogo e escuta entre militantes feministas e trabalhadoras domésticas, desenvolvendo a possibilidade de novas alianças políticas.

A articulação entre a Fenatrad e ONGs feministas se fortaleceu ainda mais com a ascensão da extrema-direita ao poder e as desigualdades exacerbadas pela pandemia de COVID-19. Desde o governo de Michel Temer até o fim do governo de Jair Bolsonaro, as trabalhadoras domésticas enfrentaram grandes dificuldades de diálogo com o Estado, levando-as a priorizar parcerias com outros movimentos sociais. As conexões estabelecidas nos anos anteriores posicionaram as ONGs feministas como uma das principais aliadas nesse momento. Durante a pandemia, a Fenatrad, em colaboração com essas ONGs, realizou uma série de ações, como a distribuição de cestas básicas e kits de higiene, a denúncia de abusos ao Ministério Público, e a pressão sobre o Estado para a definição do "trabalho essencial", entre outras iniciativas (Monticelli, 2021b). Esses eventos recentes demonstram que, apesar das tensões históricas, o diálogo entre feministas e trabalhadoras domésticas se desenvolveu para uma colaboração mais sólida, baseada no reconhecimento das opressões interseccionais e em um diálogo mais horizontal na formulação de campanhas, projetos, cursos e estratégias políticas para as trabalhadoras domésticas.

É fundamental destacar que essas alianças são intensificadas pelo atual cenário sociopolítico, marcado pela ascensão da extrema-direita e pelo cenário de direitos trabalhistas. A aprovação da Lei Complementar 150/2015, que garantiu avanços importantes para as trabalhadoras domésticas, levou o movimento sindical a focar em campanhas de formalização da categoria e na promoção de cursos sobre direitos trabalhistas e de "empoderamento". Além disso, os governos de Michel Temer e Jair Bolsonaro não estabeleceram qualquer diálogo significativo com a categoria, ignorando suas demandas, mesmo durante a pandemia, quando as trabalhadoras domésticas foram duramente afetadas pelas desigualdades intensificadas. Esse abandono governamental e as mudanças de reivindicações políticas evidenciaram a importância de alianças com ONGs feministas, que se tornaram umas das principais apoiadoras nesse cenário de crescente vulnerabilidade.

Nessa conjuntura, destaca-se a criação do aplicativo Laudelina, uma ferramenta desenvolvida para auxiliar na organização e divulgação dos direitos trabalhistas para as trabalhadoras domésticas. Através do Laudelina, as trabalhadoras têm acesso a informações sobre direitos, canais de denúncia e cursos de capacitação, promovendo seu "empoderamento" e fortalecendo a luta pela formalização do trabalho. A criação do aplicativo Laudelina é analisada aqui à luz desse contexto, que tem transformado as estratégias sindicais das trabalhadoras domésticas, adaptando-as às novas demandas e desafios impostos pelo cenário político e social, ao mesmo tempo que evidencia os desafios colocados por tais estratégias, principalmente em relação a uma comunicação mais efetiva com a sua base.

APP LAUDELINA E "ONGUIZAÇÃO"

O Laudelina é um aplicativo criado em 2016 pela Themis — Gênero, Justiça e Direitos Humanos e pela Fenatrad. O objetivo do Laudelina é ampliar a informação, a comunicação e o conhecimento sobre as leis trabalhistas para as trabalhadoras domésticas no Brasil, tendo inicialmente como público-alvo as próprias trabalhadoras domésticas. A Themis é uma ONG feminista, sediada em Porto Alegre (RS), fundada em 1993 por um grupo de advogadas e cientistas sociais que tinham por objetivo enfrentar a discriminação contra as mulheres no sistema de justiça. Ao longo do tempo, a Themis desempenhou um papel crucial na formação de promotoras legais populares, na *advocacy* pela Lei Maria Penha e, posteriormente, estabeleceu um intenso diálogo com a SPM (Secretaria Especial de Políticas para as Mulheres) no primeiro governo Lula (2003-2011) — momento em que se aproximou das pautas e das trabalhadoras domésticas.

A ideia de criar o aplicativo surgiu quando a Themis obteve recursos para desenvolver um app voltado às promotoras legais populares. Posteriormente, a organização submeteu um projeto ao prêmio "Desafio de Impacto Social" do Google em 2016, com o objetivo de aumentar a formalização do trabalho doméstico. O projeto foi selecionado como finalista, garantindo o financiamento parcial para o desenvolvimento do aplicativo Laudelina.[3]

O aplicativo foi desenvolvido em parceria entre a Themis e a Fenatrad, adotando uma abordagem colaborativa e horizontal. A Themis ficou responsável pela operacionalização e comunicação da plataforma, enquanto a Fenatrad concebeu suas principais funções, com base nas necessidades das trabalhadoras domésticas. Embora essa articulação política entre o feminismo e o movimento de trabalhadoras domésticas tenha sido bem-sucedida, o aplicativo Laudelina enfrenta desafios para seu pleno desenvolvimento e para alcançar as metas estabelecidas, especialmente no que diz respeito à sua disseminação e utilização em larga escala.

O aplicativo Laudelina foi desenvolvido com base no perfil das trabalhadoras domésticas no Brasil, uma categoria composta por cerca de 5,8 milhões de mulheres. Desse total, 67,3% são negras e 40,2% têm entre 45 e 59 anos. No que diz respeito à escolaridade, 35,9% possuem o ensino médio completo, enquanto 32,2% não concluíram o ensino fundamental, revelando um nível educacional baixo. Além disso, apenas 24% possuem carteira assinada e 43,6% atuam como diaristas — consideradas como autônomas pelo Estado e, portanto, excluídas do escopo

---

3 Financiamento de R$650 mil reais.

da Lei complementar 150/2015 (Dieese, 2023). Isso nos revela o perfil de mulheres sem proteção e garantia de direitos, com baixa escolaridade, mais velhas e, em sua maioria, negras. Apesar dessas condições, um dado relevante é que quase 93% das trabalhadoras acessam a internet pelo celular, superando a média nacional (Internet Lab, 2016). Considerando esses dados, a Fenatrad vislumbrou o aplicativo Laudelina como uma ferramenta essencial para melhorar a comunicação com essas trabalhadoras e fornecer informações cruciais sobre leis trabalhistas e os próprios sindicatos.

O projeto tinha como meta atingir cerca de 2,5 milhões de trabalhadoras domésticas, ou metade da categoria, mas até o momento o aplicativo Laudelina registrou apenas 10 mil downloads nas plataformas Android e iOS. Esse baixo alcance pode ser atribuído a alguns fatores relacionados ao desenvolvimento do aplicativo. Um dos principais desafios está no conceito e no design gráfico. Embora "Laudelina" seja uma homenagem à primeira militante do movimento de trabalhadoras domésticas, Laudelina de Campos Melo (1904-1991), seu nome não é amplamente conhecido, o que dificulta a busca do aplicativo nas plataformas digitais. Além disso, o projeto gráfico utiliza imagens das atuais líderes sindicais — Creuza Maria de Oliveira, Cleide Pinto e Ernestina Pereira —, o que pode gerar confusão em relação ao nome "Laudelina", contribuindo para a falta de reconhecimento imediato do aplicativo.

Um dos principais desafios enfrentados pelo aplicativo está relacionado à sua acessibilidade digital. O processo de login exige a criação de uma conta por e-mail, o que se mostrou um obstáculo significativo, uma vez que, segundo dados da Internet Lab (2016), 40% das trabalhadoras domésticas nunca tiveram um e-mail e 15% acessam o e-mail apenas uma vez por semana. Essa barreira inicial limita o acesso ao aplicativo para uma parcela considerável da categoria, dificultando o engajamento esperado. Outro fator que prejudicou a adesão ao aplicativo foi o seu tamanho inicial. Muitas trabalhadoras domésticas possuem smartphones com pouco espaço de armazenamento, o que fazia com que fosse necessário desinstalar outros aplicativos para baixar o Laudelina. Esse aspecto técnico limitou ainda mais o alcance da ferramenta. Em resposta a esse problema, foi criado, em 2022, um WebApp que eliminou a necessidade de download. No entanto, essa solução trouxe outro desafio: o WebApp tem um projeto gráfico um pouco diferente do aplicativo original, o que pode causar inconsistências na experiência do usuário.

O aplicativo Laudelina foi desenvolvido com diversas funções projetadas para apoiar as trabalhadoras domésticas em sua busca por direitos e maior formalização no trabalho. A aba "Meus direitos" é uma das principais, oferecendo informações detalhadas sobre a Lei Complementar 150, a Convenção 189 e a Convenção 190 da OIT, além de legislações relacionadas a assédio sexual, racismo e injúria racial. No entanto, o conteúdo é apresentado em uma linguagem jurídica, o que pode dificultar a compreensão para muitas trabalhadoras. Esse uso técnico do Direito, embora essencial para garantir a precisão das informações, se torna uma barreira no acesso prático ao conhecimento que o aplicativo busca disseminar.

Outra função crucial do aplicativo é a "Calculadora de direitos", que permite às trabalhadoras domésticas calcularem corretamente salários, férias, 13º salário e rescisões de contrato. Essa ferramenta foi criada para facilitar o entendimento dos benefícios a que elas têm direito, um aspecto fundamental diante da informalidade prevalecente no setor. No entanto, o desafio da linguagem jurídica também se manifesta aqui, exigindo que muitas trabalhadoras busquem assistência externa para interpretar os cálculos fornecidos.

Além disso, o aplicativo inclui a aba "Redes de contatos", que oferece informações de sindicatos e grupos de WhatsApp, fortalecendo a conexão entre as trabalhadoras e facilitando sua organização coletiva. A função "Denunciar abusos" é outra ferramenta vital, permitindo que casos de trabalho análogo à escravidão, racismo ou violência no trabalho sejam reportados diretamente ao Ministério Público. Por fim, o aplicativo oferece cursos de formação e profissionalização, organizados pela Themis e Fenatrad, e traz as últimas "Notícias sobre trabalho doméstico", mas, novamente, a linguagem formal e técnica pode criar um distanciamento entre as informações e a capacidade de ação das trabalhadoras domésticas. Atualmente, os próprios sindicatos de trabalhadoras domésticas têm investido na ideia de que empregadoras/es também possam usar o Laudelina para conhecer melhor os direitos das trabalhadoras domésticas e estabelecer um contrato formal e adequado à legislação.

Em 2019, o aplicativo Laudelina passou por importantes atualizações devido a um projeto financiado pela ONG francesa CARE, que possui diversos projetos na América Latina. A parceria com a CARE foi liderada pela Fenatrad e é executada pela Themis desde então por meio do "Projeto Mulheres, Dignidade e Trabalho". O Laudelina inspirou a criação de outros quatro aplicativos em diferentes países latino-americanos, em parceria com a CARE e sindicatos locais de trabalhadoras domésticas.[4] A Fenatrad tem expandido suas parcerias e estratégias políticas a partir da captação de recursos internacionais e da criação de técnicas e tecnologias voltadas para a intervenção junto às trabalhadoras domésticas. Esse movimento inclui o desenvolvimento de aplicativos, como o Laudelina, além da oferta de cursos de capacitação e a realização de fóruns de formação. Essas ações buscam não apenas promover a conscientização sobre os direitos trabalhistas, mas também proporcionar ferramentas práticas para a organização e o "empoderamento" da categoria, fortalecendo a atuação sindical em nível nacional. Destaca-se que a aliança da Fenatrad e da Themis expande seus alcances e impactos, atuando diretamente com uma das categorias mais precarizadas do mercado de trabalho, o que fortalece a legitimidade na luta pelos direitos das mulheres. Além das parcerias internacionais e nacionais, a Fenatrad tem se reaproximado do Estado e estabelecido um diálogo mais consistente com especialistas e pesquisadoras da área, que agora atuam como consultoras de políticas

4 Dignas (México); TRH Unidas (Equador); Sobre Aliadas (Colômbia), App Valora (Peru).

públicas voltadas para as trabalhadoras domésticas (Pinto *et al.*, 2020) — aspectos e estratégias analisadas neste capítulo como um processo de "onguização" (Alvarez, 2009).

O processo de "onguização" das estratégias da Fenatrad representa uma nova fase de reconfiguração da ação sindical, marcada por uma maior convergência com o feminismo e o fortalecimento de parcerias com ONGs e outras organizações da sociedade civil. Além disso, a Fenatrad se consolidou como um ator relevante que circula em diversos espaços da sociedade civil organizada. A organização tem estabelecido parcerias com universidades, como o projeto de extensão "Trabalho Doméstico Cidadão" realizado com a UFSC (Universidade Federal de Santa Catarina) em colaboração com o Governo Federal, além do projeto "Mulheres Mil" do Ministério da Educação em parceria com diversos institutos federais. Destaca-se também que a relação com órgãos do Estado mudou com o atual governo Lula (2022), sendo a Fenatrad uma das principais interlocutoras da Secretaria Nacional de Políticas de Cuidado e da Família. Esse trânsito por diferentes esferas institucionais reflete a capacidade da Fenatrad de ampliar sua influência e atuar em uma rede diversificada de atores, criando uma plataforma mais robusta para a defesa dos direitos das trabalhadoras domésticas.

Embora esse fenômeno tenha ampliado o alcance político da Fenatrad, ele também apresenta desafios e limitações importantes. Um dos principais problemas é que essas políticas nem sempre atingem a base das trabalhadoras domésticas, não apenas em termos de comunicação, mas também em relação às pautas políticas.

CONCLUSÕES

Este capítulo buscou analisar como as novas formas de ação sindical de trabalhadoras domésticas em parceria com ONGs feministas têm apresentado uma transformação das formas de atuação política que se aproxima de um processo de "onguização", definido pelos projetos, financiamentos internacionais, realização de cursos, fóruns e a colaboração de pesquisadoras e redes universitárias. Essas alianças permitiram à Fenatrad expandir seu alcance e consolidar seu papel na defesa dos direitos das trabalhadoras domésticas, ao mesmo tempo que criaram novas formas de comunicação e capacitação para a categoria, ampliando a conscientização sobre os direitos trabalhistas. Essas ações e estratégias políticas têm garantido à Fenatrad maior acesso a espaços mais organizados da sociedade civil.

O Aplicativo Laudelina é analisado como um dos principais programas lançados nos últimos anos pela Themis — Gênero, Justiça e Direitos Humanos e pela Fenatrad, que exemplifica muito bem o processo analisado. Se por um lado o aplicativo é percebido como uma importante e criativa ferramenta de comunicação e aproximação de trabalhadoras domésticas com os seus sindicatos e com direitos trabalhistas, por outro não tem concretizado um acesso mais facilitado, amplo e aderente à própria categoria profissional — um caminho propiciado pelos aspectos mais burocráticos do processo de "onguização", levando a uma perspectiva de "verticalização" do movimento sindical de trabalhadoras domésticas (Alvarez, 2014).

É importante ressaltar como esse caminho foi impulsionado pela conjuntura política dos últimos anos, marcada pela escalada da extrema-direita e pela retração de direitos sociais e trabalhistas. Nesse contexto, as trabalhadoras domésticas encontraram nas parcerias com ONGs feministas e nos financiamentos internacionais uma via alternativa de fortalecimento e mobilização. No entanto, essas políticas têm demonstrado uma dificuldade de alcançar as trabalhadoras domésticas de forma mais inclusiva e acessível. Esses processos evidenciam novas formas de ação sindical e de mobilização do feminismo brasileiro, transformando as estratégias políticas e apresentando novos avanços e limites dos movimentos sociais frente aos cenários políticos sociais mais desafiadores.

REFERÊNCIAS

ALVAREZ, S. E. "A globalização dos feminismos latino-americanos: tendências dos anos 90 e desafios para novo milênio". *In*: ALVAREZ, S. E.; DAGNINO, E.; ESCOBAR, A. (Org.). *Cultura e política nos movimentos sociais latino-americanos*: novas leituras. Belo Horizonte: Editora UFMG, 2001. p. 383-426.

ALVAREZ, S. E. "Beyond NGOization? Reflections on Latin America". *In*: *Development*, no. 52(2), Rome: Palgrave-McMillan/Society for International Development, 2009a: 175-184.

ALVAREZ, S. E. "Para além da sociedade civil: reflexões sobre o campo feminista". *In*: *Cadernos Pagu*, no. 43, julho 2014: 13-56.

ARAUJO, A. B.; MONTICELLI, T. A.; ACCIARI, L. "Trabalho doméstico e de cuidado: um campo de debate". *In*: *Tempo Social*, vol. 33, 2021: 145–167.

ASSOCIAÇÃO INTERNETLAB DE PESQUISA EM DIREITO E TECNOLOGIA. Domésticas conectadas: acessos e usos de internet entre trabalhadoras domésticas em São Paulo. *Internet Lab*, 2023.

BAIRROS, L. "A mulher negra e o feminismo". *In*: COSTA, A. A.; SANDERBERG, C. M. (Org.). *O feminismo no Brasil*: reflexões teóricas e perspectivas. Salvador: UFBA/Núcleo de Estudos Interdisciplinares sobre a Mulher, 2008.

BERNADINO-COSTA, J. *Saberes subalternos e decolonialidade:* os sindicatos de trabalhadoras domésticas no Brasil. Brasília: Editora UnB, 2015.

CARVALHO, L. "Direito das trabalhadoras domésticas: uma luta de todo o movimento das mulheres". *In*: ÁVILA, M. B. de M. (Org.). *Reflexões feministas sobre informalidade e trabalho doméstico*. Recife: SOS CORPO: Instituto Feminista para a Democracia, 2008.

CASTRO, M. G. "Alquimia de categorias sociais na produção dos sujeitos políticos". *In*: *Revista Estudos Feministas*, Florianópolis, no. 0, 1992: 57-73.

DEPARTAMENTO INTERSINDICAL DE ESTATÍSTICA E ESTUDOS ECONÔMICOS (DIEESE). *Trabalho doméstico no Brasil*. Infográfico, 2023. Disponível em: **https://www.dieese.org.br/infografico/2023/trabalhoDomestico2023.html**. Acesso em: 28 nov 2023.

FACCHINI, R.; CARMO, Í. N. do; LIMA, S. P. "Movimentos feminista, negro e LGBTI no Brasil: sujeitos, teias e enquadramentos". *In*: *Educação & Sociedade*, vol. 41, 2020: e230408.

FONTES, P. *et al.* "Eu tinha minha liberdade": entrevista de Nair Jane de Castro Lima, liderança histórica das trabalhadoras domésticas do Rio de Janeiro". *In*: *Revista Mundos do Trabalho*, vol. 10, 2018: 167-189.

MONTICELLI, T. A. "Feministas e patroas: revisitando o debate sobre trabalho doméstico remunerado". *In*: *Antropolítica*: Revista Contemporânea de Antropologia, no. 53, 2021: 371-396.

MONTICELLI, T. A. "Parcerias e redes solidárias: as trabalhadoras domésticas não estão sozinhas". *In*: PINTO, C. P. *et al.* (Org.). *Os sindicatos das trabalhadoras domésticas em tempos de pandemia*: memórias da resistência. Santa Maria: FACOS-UFSM, 2021.

MONTICELLI, T.; FRAGA, A. B. "A Convenção N.189 da OIT: notas sobre o processo de ratificação no Brasil". *In*: *Estudos Avançados*, vol. 37, no. 108, 2023: 73-88.

OLIVEIRA, C. M. de *et al.* "Não foi fácil a gente conquistar esses direitos não: a produção de direitos e de justiça social pelas e para as trabalhadoras domésticas". *In*: SEVERI, F.; CASTILHO, E. W.; MATOS, M. C. (Orgs.). *Tecendo fios das Críticas Feministas ao Direito no Brasil II*: direitos humanos das mulheres e violências. Ribeirão Preto: FDRP/USP, 2020.

PEREIRA DE MELO, H. "Feministas y empleadas domésticas en Rio de Janeiro". *In*: CHANEY, E.; GARCIA CASTRO, M. (Orgs.). *Muchacha / cachifa / criada / empleada / empregadinha / sirvienta y... más nada*: trabajadoras domésticas en América Latina y Caribe. Venezuela: Editora EPU, 1999.

SILVA, C. da. "De onde viemos: aproximações de uma memória". *In*: HOLLANDA, H. B. de (Org.). *Explosão feminista*: arte, cultura, política e universidade. São Paulo: Companhia das Letras, 2018.

VISIBILIDADE, CONSUMO MIDIÁTICO E MOBILIZAÇÃO POLÍTICA ENTRE MOTORISTAS DE UBER NO YOUTUBE

Victor Piaia

INTRODUÇÃO

Nos últimos anos, observa-se um boom na produção de diversos estudos, livros e coletâneas que buscam compreender as tendências e lógicas das transformações no mundo e na organização política do trabalho (Antunes, 2020; Cardoso; Santos; Crivelli, 2023). Os processos de midiatização (Couldry; Hepp, 2017) e plataformização (Poell; Nieborg; Van Dijck, 2019) vêm gerando impactos profundos nas dinâmicas de organização do trabalho, forçando o campo a repensar as práticas, as subjetividades e as formas de organização coletiva dos trabalhadores nesse novo cenário.

Em artigo publicado em 2019, Oliveira, Ramalho e Rosenfield propõem uma visão geral sobre o campo da sociologia do trabalho no Brasil, ressaltando, entre as tendências atuais: 1) o impacto de transformações tecnológicas e o surgimento de conceitos como "economia informacional, capitalismo cognitivo, capitalismo de plataforma, *gig economy* e revolução 4.0" (p. 12); 2) mudanças no padrão de regulação trabalhista — na esteira da lei da terceirização e da reforma trabalhista (sancionada em 2017); 3) as novas formas de ação coletiva de trabalhadores, tensionando o clássico modelo sindical com formas emergentes de mobilização.

É interessante notar como, desde a publicação desse artigo, essas três áreas vêm se tornando cada vez mais entrelaçadas. O crescimento e a consolidação da categoria de trabalhadores de aplicativo nos últimos dez anos fizeram com que as plataformas se tornassem objetos inescapáveis de reflexão para a compreensão das tendências contemporâneas de organização do trabalho (Grohmann, 2020; Abílio, 2023). Nesse processo, a discussão sobre a regulação do trabalho em plataforma ganhou relevância, invertendo, de certa forma, uma tendência de desregulamentação e, a passos lentos, pautando a necessidade de parâmetros mínimos para as atividades plataformizadas no Brasil e no mundo (Zanatta; Silva; Barcellos, 2023). As ações coletivas, por sua vez, fundam-se não somente nos problemas emergentes da nova configuração plataformizada de trabalho, mas também são impactadas pelas plataformas e ambientes digitais em suas formas de organização, disputa por lideranças e repertórios de mobilização (Nowak; Santana, 2023).

Este capítulo dialoga com as três áreas, mas se posiciona, prioritariamente, entre as pesquisas que compõem esse último conjunto de reflexões. Partindo da mobilização digital em torno da controvérsia sobre o PLP 12/2024 (PL dos Aplicativos), busca mapear os principais meios de informação e a emergência de novas mediações relacionadas ao campo do trabalho em ambientes digitais no país. Busca, portanto, compreender os usos que trabalhadores plataformizados fazem de ferramentas da comunicação digital na forma como interagem, produzem reflexões e disputam opiniões sobre seus trabalhos.

Tem-se como pressuposto, assim, que as plataformas não somente organizam boa parte das formas contemporâneas de trabalho, mas também são o meio pelo qual ocorrem interações que dão sentido à forma como os trabalhadores refletem sobre sua atividade.

O capítulo se organiza em cinco seções, além desta introdução. Na primeira, articula os conceitos de midiatização e plataformização à emergência de novas mediações e lideranças de opinião em ambientes digitais. Na segunda seção, explora brevemente o contexto da controvérsia em torno do PLP 12/2024. Em seguida, apresenta a metodologia de coleta de dados e análise de redes informacionais e consumo midiático a partir do YouTube. Na quarta parte, apresenta os resultados e, por fim, faz uma discussão sobre como esses achados podem impactar e ajudar a compreender as transformações no mundo do trabalho contemporâneo.

MIDIATIZAÇÃO DA COMUNICAÇÃO COTIDIANA E PLATAFORMIZAÇÃO DO TRABALHO

A perspectiva desenvolvida por esta reflexão está calcada nos conceitos de midiatização e plataformização, que vêm ganhando relevância na teoria sociológica, na esteira das transformações tecnológicas e comunicativas dos últimos 30 anos. O conceito de midiatização busca realizar "uma análise crítica da inter-relação entre a mudança de mídia e comunicação, por um lado, e a mudança de cultura e sociedade, por outro" (Hepp; Krotz, 2014, p. 3), orientando pesquisas que se debruçam sobre o "potencial transformador das comunicações mediadas sobre a cultura e a sociedade" (Lundby, 2014, p. 12).

O conceito vem ganhando maior notoriedade nos últimos anos, mas sua incorporação retoma perspectivas que analisam a midiatização como um processo fundamental do desenvolvimento das sociedades e um dos processos estruturantes da própria modernidade (Averbeck-Lietz, 2014). Em uma perspectiva histórica, alguns autores organizam a evolução temporal desse processo a partir de ondas, marcadas por rupturas tecnológicas, como a invenção da prensa móvel — que impulsiona o período da mecanização; o surgimento do telégrafo, telefone, rádio, TV, entre outros — como marcos do período da eletrificação; e os chips, computadores, internet e celulares — como referências para o período da digitalização (Couldry; Hepp, 2017).

Cada uma dessas fases é marcada por transformações nas experiências estético-sensoriais, temporais e espaciais, borrando fronteiras entre a comunicação mediada e não mediada. É a partir dessa perspectiva que se argumenta, atualmente, sobre um período de midiatização profunda, em que essas fronteiras se tornam cada vez menos nítidas, na esteira do acesso à internet móvel, smartphones e dispositivos online que se integram ao dia a dia dos indivíduos (Couldry; Hepp, 2017; Hepp, 2020). Essa mudança afeta as experiências mais básicas de experimentação do mundo, tornando-se objeto inescapável para se pensar os processos sociais contemporâneos.

Apesar da importância dos dispositivos e estruturas tecnológicas para a consolidação dessa nova fase do processo de midiatização, talvez o ponto mais determinante para entender os efeitos deste fenômeno esteja no modelo que organiza a sua lógica de uso. Refiro-me, especificamente, ao processo de plataformização, forma específica de operacionalização da midiatização profunda. As plataformas são definidas como:

> infraestruturas digitais (re)programáveis que facilitam e moldam interações personalizadas entre usuários finais e complementadores, organizadas por meio de coleta sistemática, processamento algorítmico, monetização e circulação de dados (Poell; Nieborg; Van Dijck, 2019, p. 4).

As plataformas, portanto, funcionam como estruturas de produção e coleta intensiva de dados gerados pelos usuários no curso de suas atividades cotidianas tecnologicamente mediadas. A coleta de dados e o conhecimento gerado a partir deles estão no centro dos serviços fornecidos pelas plataformas e orientam o desenho de sua própria arquitetura, que depende do intenso engajamento e presença de usuários e busca produzir situações de interação que gerem informações cada vez mais invasivas e comportamentais.

Pensando em termos práticos, o cotidiano se torna amplamente dependente de plataformas de serviços cujo interesse reside na produção e coleta de dados — e não na atividade-fim ofertada. Entram, nesse conjunto, as plataformas de redes sociais digitais (como Instagram, Facebook e TikTok); mecanismos de busca (como Google); plataformas de produtividade (como Teams, Zoom e Meets); aplicativos de serviços (como iFood, Uber e Waze); plataformas de entretenimento (como Netflix e Amazon Prime); varejo (como Amazon e Mercado Livre) e muitas outras.

Do ponto de vista do trabalho, especificamente, pode-se pensar desde experiências mais indiretas, com a presença de plataformas como instrumento para o cotidiano do trabalho, até casos em que a plataforma organiza de modo central a lógica do trabalho executado, como no caso de aplicativos de entregas, transporte, entre outros. Muitas das pesquisas contemporâneas da sociologia do trabalho refletem sobre essa perspectiva, identificando como esse novo ambiente de organização e gestão do trabalho impacta a formação da subjetividade do trabalhador, com mudanças básicas no dia a dia, como a remuneração sobre o trabalho efetivamente realizado, a regulação algorítmica do valor do trabalho, os novos regimes de tempo em vigência, bem como o imaginário neoliberal — que, calcado na ideia de liberdade e autonomia, traz a categoria do empreendedor para o centro das experiências laborais contemporâneas (Abílio, 2020, 2023).

Há, no entanto, um lado mais amplo desse processo, que não se refere especificamente aos efeitos diretos da experiência do trabalho em plataforma, mas às percepções, opiniões e enquadramentos sobre trabalho, de modo amplo, a partir das discussões e interações em ambientes digitais. Essa transformação dos espaços de deliberação, consumo informacional e formação da opinião pública vem sendo investigada por diferentes perspectivas e gera repercussões que não podem deixar de ser consideradas nas reflexões sobre as transformações contemporâneas do trabalho.

De maneira geral, as dinâmicas de visibilidade e influência observadas em plataformas de redes sociais são geridas por lógicas muito distintas das observadas em mediações tradicionais, como veículos televisivos e jornais. O fenômeno pode ser visto de forma ainda mais ampla ao se pensar sobre como diferentes instâncias organizadoras da vida social, como a imprensa, os sindicatos e a academia, podem ter suas lógicas de validação interna desafiadas pela lógica midiatizada de visibilidade, influência e credibilidade.

A investigação empírica deste capítulo busca se aprofundar precisamente nessa discussão, refletindo sobre como se formam essas redes de influência e visibilidade entre motoristas de aplicativo no YouTube, bem como as redes de consumo informacional que estão associadas a esse conjunto na plataforma.

AÇÃO COLETIVA DE TRABALHADORES PLATAFORMIZADOS E O PLP 12/2024

O ponto de partida empírico deste capítulo é a controvérsia em torno do Projeto de Lei Complementar 12/2024[1], que propõe regras para o trabalho de motoristas de aplicativo em automóveis de quatro rodas e estabelece mecanismos de inclusão previdenciária.

O projeto foi o resultado de uma série de discussões promovidas pela Mesa do Grupo de Trabalho dos Aplicativos, formada por representantes dos trabalhadores, das empresas e do governo, no dia 5 de junho de 2023.[2] Ele foi apresentado pelo governo em uma solenidade com a presença do presidente Lula, de diversos ministros e autoridades do governo em 4 de março de 2024, sendo classificado pelo presidente como "um marco no mundo do trabalho".[3]

O projeto surge no contexto do retorno da esquerda à presidência após um longo período de governo de direita e extrema-direita, que teve na desregulamentação o cerne de sua política trabalhista. Vale destacar que a lógica de desregulamentação não se restringiu aos poderes

---

1 *Cf.* https://www.camara.leg.br/proposicoesWeb/fichadetramitacao?idProposicao=2419243&fichaAmigavel=nao.

2 https://www.gov.br/trabalho-e-emprego/pt-br/noticias-e-conteudo/2023/junho/grupo-de-trabalho-que-busca-regulacao-de-trabalho-por-aplicativo-e-instalado-em-brasilia.

3 https://www.gov.br/planalto/pt-br/acompanhe-o-planalto/noticias/2024/03/lula-pl-dos-motoristas-de-aplicativos-e-201cmarco-no-mundo-do-trabalho201d.

Executivo e Legislativo, avançando também em decisões do Supremo Tribunal Federal, como o posicionamento favorável à terceirização (Higídio, 2023). Nesse sentido, é possível dizer que havia uma expectativa de atenção e ação do governo para as condições de trabalho dessas categorias, seja pela rápida transformação que ocorre nesse setor, seja pela ocorrência de alguns focos de mobilização trabalhista durante a pandemia, especialmente ligados à categoria dos entregadores.

Os chamados "Breque dos Apps" foram paralisações de âmbito nacional convocadas por entregadores de moto e bicicleta, trabalhadores em plataformas de aplicativos. Ocorridos em 1º e 25 de julho de 2020, os "breques" foram a mais significativa experiência de ação coletiva dessa categoria, sendo seguidos por outras mobilizações de menor porte. O campo de estudos sobre trabalho, plataformização e ação coletiva se debruçou sobre esse evento, produzindo reflexões sobre as formas de organização, visibilidade e demandas oriundas desses movimentos (Piaia *et al.*, 2021; Nowak; Santana, 2023, por exemplo).

Ainda no campo das novas formas de organização trabalhista e ação coletiva de trabalhadores plataformizados, destacam-se estudos que avançam sobre cooperativas de entregadores, refletindo sobre caminhos para estabelecer lógicas de organização laboral menos exploratórias e invasivas (Grohmann, 2022).

Apesar desse contexto, o lançamento do PLP 12/2024 foi muito mal recebido política e socialmente.[4] Diversos setores criticaram as propostas em uma ampla mobilização que engajou parlamentares e motoristas da categoria, pressionando o governo e forçando a retirada do projeto de pauta. Chama a atenção, especialmente, a ampla produção de vídeos e publicações em redes sociais sobre o tema, com protagonismo de influenciadores ligados à categoria.

---

4 https://congressoemfoco.uol.com.br/area/congresso-nacional/projeto-para-regulamentar-motoristas-de-app-desagradou-a-todos-diz-relator/.

Mais do que as críticas ou o apoio ao projeto em si, interessa o fato de que o episódio gerou intensa mobilização da categoria nas redes sociais, tornando-se um momento propício para a coleta de dados que permite construir a rede de canais de motoristas de aplicativo no YouTube, bem como outros conjuntos temáticos associados.

METODOLOGIA

A análise empírica deste capítulo busca compreender a rede de informação, influência e produção de conteúdos de motoristas de aplicativos no YouTube. A plataforma de vídeos foi escolhida por ser uma das mais utilizadas no Brasil, com quase 60% da população afirmando acessá-la diariamente ou várias vezes por semana (Tomaz *et al.*, 2023). A metodologia se divide em três etapas: coleta das páginas, coleta da rede, formação de redes e análise de métricas e vídeos de canais.

A coleta das páginas se dividiu em quatro etapas. Na primeira, por meio da ferramenta YouTube Data Tools[5] (Rieder, 2015), foi realizada uma busca pelos canais que fizeram vídeos mencionando os termos (regulamentação AND uber). A requisição retornou uma lista de vídeos que continham menções aos termos no título, descrição ou transcrição. A partir dessa lista de vídeos, foi realizada uma nova coleta para agregar os metadados e as métricas de visualização, número de postagens e comentários dessas páginas. Por fim, essa lista passou por uma filtragem manual para a seleção de canais que efetivamente estavam associados ao universo temático de motoristas de Uber, resultando em uma lista de 38 canais.

A coleta da rede também utilizou a ferramenta YouTube Data Tools[6] e, a partir da lista-semente de 38 canais, coletou informações sobre os canais "parceiros" e "assinados" por essa listagem inicial.

---

5 https://ytdt.digitalmethods.net/mod_videos_list.php.

6 https://ytdt.digitalmethods.net/mod_channels_net.php.

Ou seja, os canais podem indicar parceiros e também se inscrever em outros canais. Essa busca, portanto, cria uma relação entre os canais. Foram feitas duas camadas de busca: na primeira, os canais que eram parceiros ou assinados pela lista dos 38 canais-semente; na segunda, os canais associados a essa lista resultante da coleta anterior. O conjunto final reuniu 3.320 canais.

Para a formação de redes, foi utilizada a ferramenta Gephi e construído um mapa de relações entre os canais, a partir do algoritmo Louvain e utilizando modularidade 2. A análise do mapa de interações ocorreu por meio da observação qualitativa dos conjuntos agrupados. Cada grupo é formado por um conjunto de canais que possuem relações (inscrição ou parceria). A espacialização é calculada a partir do grau de associação entre esses canais, e cada canal possui um "grau de entrada ponderado", ou seja, uma métrica que identifica o número de canais que possuem relação com ele.

Por fim, utilizou-se as métricas de "grau de entrada ponderado" e "número de visualizações" para identificar os 10 canais mais relevantes para o conjunto formado por canais sobre/de motoristas de Uber. Foram coletados, também, todos os vídeos publicados por esses canais, utilizando a ferramenta YouTube Data Tools.[7]

RESULTADOS

O mapa de relações mostra que há um ecossistema de canais de produção e consumo de vídeos no YouTube relacionados aos motoristas de Uber. Esse conjunto representa 16,9% dos canais coletados. Os grupamentos seguintes, em termos de volume de canais, fornecem pistas sobre as redes temáticas que possuem algum grau de associação com o conjunto

7 https://ytdt.digitalmethods.net/mod_channels_list.php.

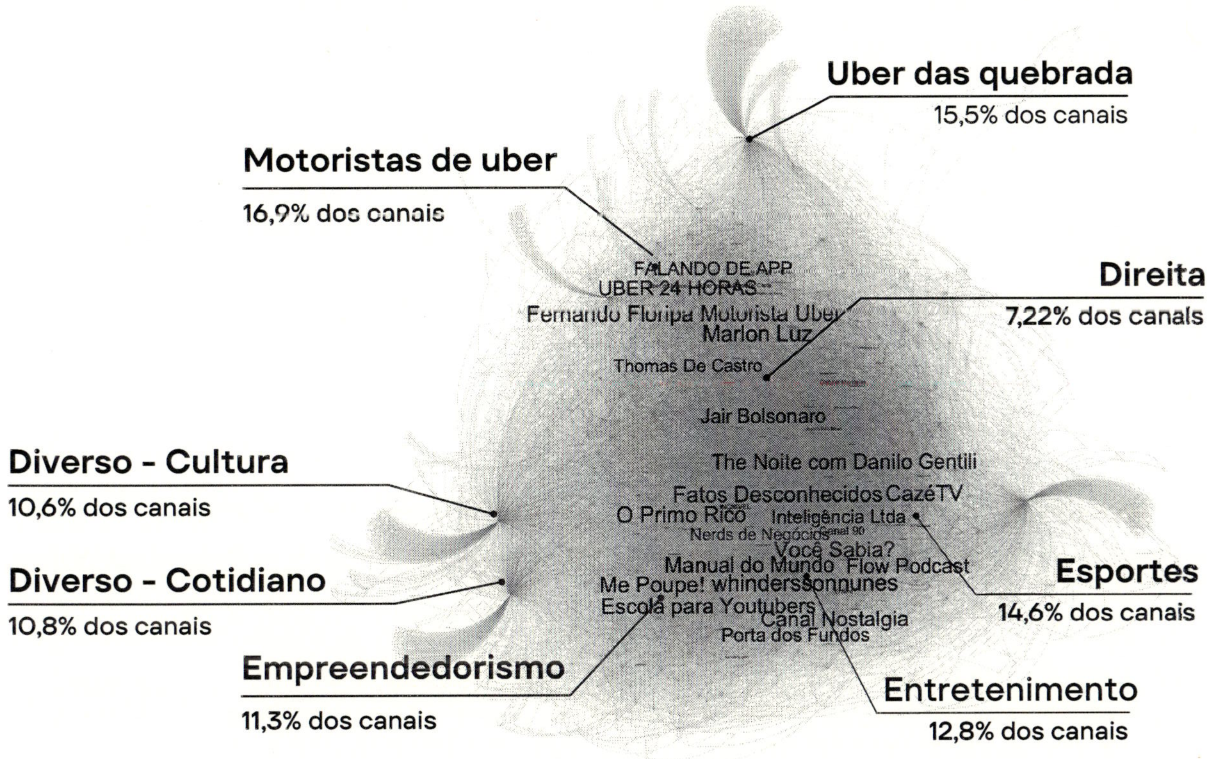

Figura 1. Mapa de relações de canais do YouTube. FONTE: YouTube Data Tools

formado pelos canais de motoristas de Uber. Destacam-se grupos de canais ligados a esportes, entretenimento, empreendedorismo e conteúdo político de direita.[8]

A tabela a seguir lista os dez canais mais relevantes entre os cinco conjuntos mais densos. Os nomes permitem identificar, em detalhes, líderes de opinião e influenciadores de diferentes áreas temáticas, oferecendo pistas sobre os meios informativos relacionados ao conjunto de motoristas de Uber. A centralidade do canal de Jair Bolsonaro no mapa é significativa e indica que o canal está efetivamente mais próximo do grupo formado pelos canais de motoristas de Uber. No sentido oposto, chama a atenção a ausência de grupamentos formados pelo ecossistema de canais de esquerda no YouTube, que, mesmo após duas rodadas de coleta de redes de canais relacionados e um aumento de quase mil vezes no número de canais da lista-semente, não figuraram neste mapa de interações.

8 O segundo maior grupamento foi formado por um canal isolado, Uber das quebrada, que adota a prática de se associar a muitos canais. Essa prática distorce as métricas, pois cria um conjunto que se estrutura basicamente em torno de um único canal. Apesar de constar na imagem do mapa de relações, esse conjunto não será considerado na análise.

Tabela 1. Canais com maior centralidade entre os maiores clusters

	MOTORISTAS DE UBER	ESPORTES	ENTRETENIMENTO	EMPREENDEDORISMO	DIREITA
11	Marlon Luz	CazéTV	whinderssonnunes	O Primo Rico	Jair Bolsonaro
22	Fernando Floripa Motorista Uber	Flow Podcast	Fatos Desconhecidos	Me Poupe!	Inteligência Ltda
33	UBER 24 HORAS	TNT Sports Brasil	Você Sabia?	Escola para Youtubers	INCRÍVEL
44	FALANDO DE APP	Cortes do Flow [OFICIAL]	Manual do Mundo	Nerds de Negócios	Jovem Pan News
55	Thomas De Castro	Cortes do Casimito [OFICIAL]	Canal Nostalgia	Renato Cariani	Sikera Junior
66	Uber do Marcelo o Uber fora da curva.	Paulistão	The Noite com Danilo Gentili	YouTube Creators	Pânico Jovem Pan
77	Canal Do Chefe	Canal GOAT	Porta dos Fundos	Metaforando	Mamaefalei
88	GUSTAVO MOTO PEÇAS	ESPN Brasil	Canal 90	Tiago Fonseca	Os Pingos nos Is
99	NaLata Driver	Talk Flow	Gabriel Monteiro	Produccine	Pastor Antônio Jr.
910	Motorista 6 Estrelas — Ian Rocha	Os Donos da Bola	Ei Nerd	Erico Rocha	Richard Rasmussen

FONTE: YouTube Data Tools

A tabela abaixo lista os dez canais com maior grau de entrada ponderado e número de visualizações entre aqueles que compõem o conjunto formado pelos canais de motoristas de Uber. Em outras palavras, trata-se de uma lista que seleciona os canais mais importantes para a formação desse grupo e que também apresentam a maior visibilidade entre eles. Os números de inscritos, vídeos e visualizações referem-se ao total acumulado desde a criação desses canais.

Tabela 2. Dez canais com mais conexões na rede e mais visualizações

CANAL	INSCRITOS	Nº DE VÍDEOS	Nº DE VISUALIZAÇÕES
NaLata Driver	1630000	662	2613594
Fernando Floripa Motorista Uber	489000	1879	1303407
Marlon Luz	716000	969	780259
Canal Do Chefe	319000	1020	583259
Motorista 6 Estrelas — Ian Rocha	200000	729	555071
Uber do Marcelo o Uber fora da curva.	193000	1525	545703
FALANDO DE APP	153000	2632	490696
Claudião	139000	1339	352962
UBER 24 HORAS	144000	2058	329402
DRIVER DA QUEBRADA VIP	65100	1625	151726

FONTE: YouTube Data Tools

Com exceção de Marlon Luz, que é vereador da cidade de São Paulo e possui uma plataforma política de representação da categoria, todos os outros canais são geridos por motoristas, que se dividem entre as atividades de condução e a gravação e edição dos materiais produzidos. Os canais somam mais de 14 mil vídeos publicados e 773,1 milhões de visualizações.

Uma breve análise qualitativa desses canais mostra uma predominância de conteúdos que tratam do dia a dia dos motoristas, com dicas sobre condução, casos de passageiros, estratégias para aumentar os ganhos, comentários sobre carros e relatos de violência urbana, entre outros. Há, também, vídeos com opiniões e reflexões sobre política e questões envolvendo temas sociais e econômicos.

Em relação ao tema regulatório, apenas o canal Na Lata Driver não fez publicações. Todos os outros canais se posicionaram contrariamente ao PLP 12/2024, em vídeos que somaram mais de 4,7 milhões de visualizações apenas em 2024.

Quando se observa o conjunto completo de vídeos, o volume de materiais sobre regulação é pequeno (344) e representa apenas 0,02% do total. No entanto, ao analisar a produção específica de conteúdos sobre regulação, nota-se que 44,4% desses vídeos foram produzidos a partir de março de 2024, mês de lançamento do PLP 12/2024. É interessante observar, também, que, desde março de 2024, os vídeos sobre regulação passaram a ocupar 19,8% da produção dos canais.

Gráfico 1. Número de vídeos sobre regulação por ano e proporção de visualização pelo tamanho do círculo

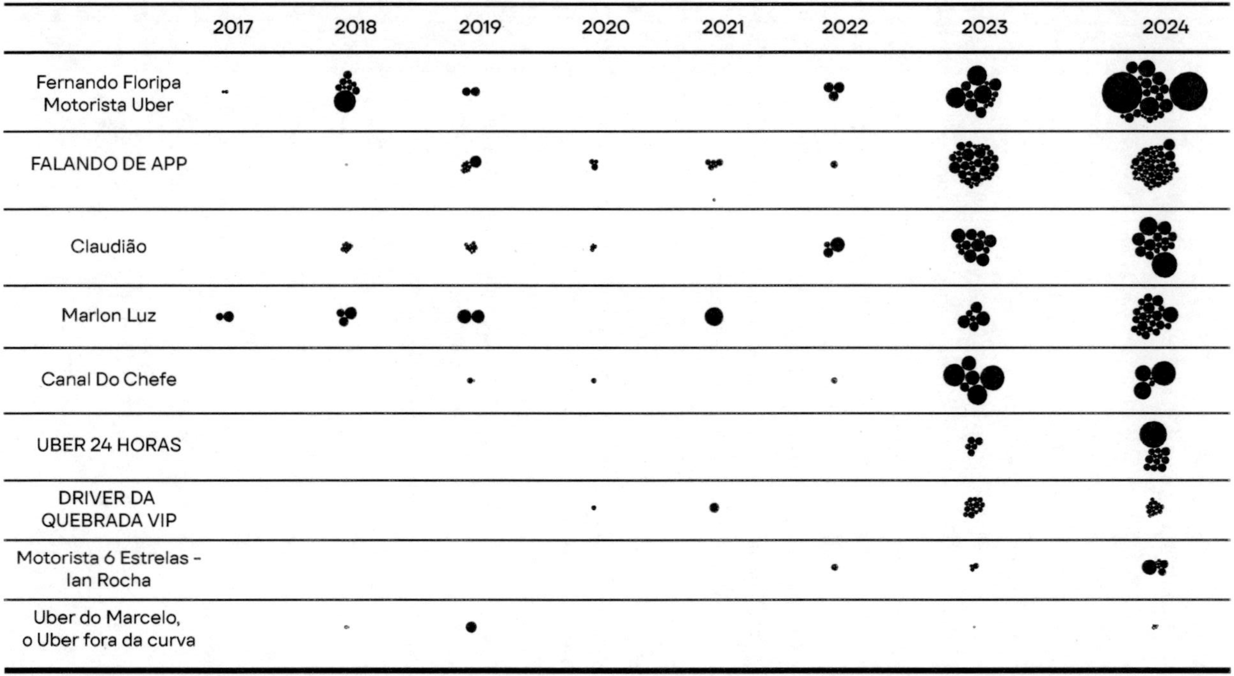

FONTE: YouTube Data Tools

DISCUSSÃO

Este capítulo busca contribuir para as reflexões sobre as reconfigurações do trabalho na modernidade a partir de um ponto de vista exploratório — apresentando dados sobre a rede de canais de motoristas de Uber no YouTube — e de um ponto de vista analítico, conectando os processos de midiatização e plataformização ao fortalecimento de mediações informais, que vêm ganhando visibilidade e notoriedade e influenciam a formação de preferências e as formas de ação coletiva dessa categoria. Três principais reflexões podem surgir desse quadro.

A primeira delas se refere às estratégias de visibilidade e reconhecimento de lideranças no ambiente digital. Esse conjunto de influenciadores apresenta uma altíssima rotina de produção, demonstrando um investimento efetivo em suas construções como figuras de notoriedade e influência junto à categoria. Configuram-se, de certa forma, como líderes de opinião que adquirem esse status por meio da visibilidade conquistada a partir da lógica midiática e não pela validação de critérios de um campo ou pelo reconhecimento de pares ou superiores. Essa construção, por sua vez, é desenvolvida por meio da verossimilhança, do compartilhamento de experiências e dos relatos do dia a dia da profissão, servindo como estrutura de credibilidade para avançar para o engajamento em pautas políticas.

Em diálogo com a reflexão anterior, pode-se pensar, também, nesses dados sobre as formas contemporâneas de mobilização política de trabalhadores de aplicativos. A ideia é que esse transbordamento da lógica comunicativa para as esferas da organização política e da relevância social tende a diminuir os compromissos dessas lideranças de opinião com outros líderes ou instituições. Esse processo pode ser analisado a partir da própria lógica de obtenção de notoriedade, que se relaciona fundamentalmente com a capacidade comunicativa e persuasiva junto aos espectadores/seguidores, e não com uma trajetória em uma organização coletiva ou sindical.

Por fim, os dados trazem elementos para reflexões sobre o ecossistema informativo desse grupo a partir da rede de canais associados ao conjunto formado por canais de motoristas de Uber. Se, por um lado, os dados sobre a proximidade do grupo com os conjuntos de esportes, entretenimento e empreendedorismo não nos permitem afirmar que esses são os temas efetivamente mais consumidos por esse grupo — apenas que há uma relação entre eles que pode servir como elemento para as recomendações algorítmicas da plataforma —, por outro, a ausência de um conjunto de canais de esquerda e a proximidade do canal de Jair Bolsonaro do grupo formado por motoristas de Uber sugerem que há, de fato, uma orientação política mais influente do que outra entre esse conjunto. Ainda assim, o mapa nos mostra não somente a existência desse ecossistema de canais de motoristas de aplicativo, mas também nos dá pistas sobre o tipo de conteúdo e as mediações que podem ter relevância para esse grupo.

Os apontamentos deste capítulo não buscam encerrar, mas abrir uma série de possibilidades e questionamentos que podem ser explorados em artigos futuros. Defende-se, no entanto, que é preciso levar a sério os efeitos dos processos de midiatização e plataformização para a compreensão das formas de experimentação e construção de opiniões no mundo contemporâneo, tornando imperativa a incorporação dessas novas mediações para uma compreensão mais precisa das transformações no mundo do trabalho hoje.

REFERÊNCIAS

ABÍLIO, L. "Uberização: processos de informalização e novos modos de subordinação do trabalho". *In*: CARDOSO, A.; SANTOS, F.; CRIVELLI, E. (Orgs.). *Trabalho em transe*: raízes e efeitos políticos das mudanças no mundo do trabalho no Brasil. São Paulo: Contracorrente, 2023.

ABÍLIO, L. C. "Uberização: gerenciamento e controle do trabalhador just-in-time". *In*: ANTUNES, R. (Org.). *Uberização, trabalho digital e indústria 4.0.* São Paulo: Boitempo, 2020.

ANTUNES, R. (Org.). *Uberização, trabalho digital e indústria 4.0.* São Paulo: Boitempo, 2020.

AVERBECK-LIETZ, S. "Understanding mediatization in "first modernity": sociological classics and their perspectives on mediated and mediatized societies". *In*: LUNDBY, K. (Org.). *Mediatization of Communication*. Berlin, Boston: De Gruyter Mouton, 2014.

CARDOSO, A.; SANTOS, F.; CRIVELLI, E. (Orgs.). *Trabalho em transe*: raízes e efeitos políticos das mudanças no mundo do trabalho no Brasil. São Paulo: Contracorrente, 2023.

COULDRY, N.; HEPP, A. *The Mediated Construction of Reality.* Cambridge: Polity, 2017.

GROHMANN, R. "Plataformas de propriedade de trabalhadores: cooperativas e coletivos de entregadores". *In*: *Matrizes (online),* vol. 16, 2022: 209-233.

GROHMANN, R. "Plataformização do Trabalho: características e alternativas". *In*: ANTUNES, R. (Org.). *Uberização, trabalho digital e Indústria 4.0.* São Paulo: Boitempo, 2020.

HEPP, A. *Deep Mediatization*. Nova York e Londres: Routledge, 2020.

HEPP, A.; KROTZ, F. (Orgs.). *Mediatized Worlds*: Culture and Society in a Media Age. Basingstoke: Palgrave Macmillan, 2014.

HIGÍDIO, José. "STF e Justiça do Trabalho travam 'guerra' sobre terceirização ou vínculo de emprego". *Consultor Jurídico*, 1 de setembro de 2023. Disponível em: **https://www.conjur.com.br/2023-set-01/stf-jt-travam-guerra-terceirizacao-ou-vinculo-emprego/**.

LUNDBY, K. *Mediatization of Communication*. Berlim, Boston: De Gruyter Mouton, 2014.

NOWAK, J.; SANTANA, M. "Social media and collective action in Brazil: the experience of truck drivers and delivery workers". *In*: *Socialism and Democracy*, vol. 37, 2023: 1-21.

OLIVEIRA, R. V. de; RAMALHO, J. R.; ROSENFIELD, C. "A Sociologia do Trabalho e suas interfaces: trajetória e tendências atuais". *In*: *BIB — Revista Brasileira De Informação Bibliográfica Em Ciências Sociais*, no. 90, 2019: 1–28.

PIAIA, V. R. *et al.* "Breque dos Apps": uma análise temporal de comunidades e influenciadores no debate público online no Twitter". *In*: *Comunicação e Sociedade*, vol. 39, 2021: 57-81.

POELL, T.; NIEBORG, D.; VAN DIJCK, J. "Plataformização". *In*: *Revista Fronteiras — Estudos Midiáticos*, vol. 22, 2020: 2-10.

RIEDER, Bernhard. "YouTube Data Tools" (Version 1.42) [Software]. Disponível em: **https://ytdt.digitalmethods.net**. Acesso em: 27 maio 2025.

TOMAZ, R. *et al. Consumo de Mídias Digitais no Brasil:* um mapeamento das dietas informacionais e dos usos de plataformas digitais no contexto nacional. 2023. Disponível em: **https://repositorio.fgv.br/server/api/core/bitstreams/4871b320-f4ce-4636-a472-d9e8deab74db/content**. Acesso em: 18 set 2024.

ZANATTA, R.; SLVA, V.; BARCELLOS, V. *Emerging Trends in the Regulation of Platform Work in Brazil*: A Preliminary Report. São Paulo: Data Privacy Brasil Research Association, 2024.

PARTE 2

ESTADO, SOCIEDADE E DEMOCRACIA

APRESENTAÇÃO

Daniel H. M. Ferreira

No discurso de posse do recém reeleito presidente Donald Trump, estiveram presentes os homens mais ricos do mundo: Elon Musk, Jeff Bezos e Mark Zuckerberg. Os magnatas, especialmente Musk, abraçaram abertamente discursos da extrema-direita, como no caso do apoio explícito do dono da *X* ao partido neonazista alemão. O retorno de Trump marca também a volta do negacionismo climático e de soluções flagrantemente xenofóbicas de deportação massiva de migrantes, muitos deles com vistos temporários apenas.

Nesse ominoso clima que nos cerca, os diagnósticos dos nossos três autores mostraram-se certeiros com os desdobramentos que vêm ocorrendo um ano após o seminário no qual trouxeram suas comunicações. Em especial, por sua ênfase em teorizar e refletir sobre as tendências do tempo presente, apresentando, por diferentes caminhos, diagnósticos em torno ao tema da desdemocratização das sociedades contemporâneas em curso.

O sociólogo e cientista político Charles Tilly (2007) utiliza do conceito de desdemocratização para entender a passagem de regimes democráticos para autoritários. Nesse sentido, desdemocratização ou democratização indicam que a democracia é um processo dinâmico que inclui as capacidades estatais para garantir as demandas por direitos dos cidadãos e a distribuição de seus recursos.

A extrema-direita tem se tornado um ator a serviço da desdemocratização, uma vez que tem atuado para reduzir a distribuição de recursos e as capacidades estatais para a garantia dos direitos coletivos. Nesse sentido, atualizamos o problema das oligarquias contra a democracia[1], manifestada nas tentativas de concentrar a renda e criminalizar revoltas plebeias.

Essa desdemocratização em curso é parte do diagnóstico do presente compartilhado pelos autores desta presente seção. Ressalta-se, por diferentes caminhos, as múltiplas crises pelas quais passa a modernidade global, da financeirização do bem-estar social (Lavinas; Gonçalves, 2024) até as dramáticas crises ambientais que nos assolam.

A desdemocratização aparece assim como um conceito-tendência na comunicação de José Maurício Domingues, a partir do qual poderíamos entrever algumas mudanças na modernidade contemporânea. O texto de Domingues busca avançar com o debate sobre as fases da modernidade e traz o caso brasileiro como uma forma de avaliar empiricamente os pressupostos teóricos sobre os quais se alicerça.

Desse modo, parte-se da discussão sobre a modernidade em suas distintas fases. Para Domingues, haveria três fases, acompanhando a participação estatal na vida social. A primeira seria uma fase liberal e pró-mercado. A ela se segue uma fase estatalmente organizada. Após, há uma terceira fase, que estaria marcada pelo avanço do neoliberalismo a nível de mercado, mas também pelo avanço da coordenação em rede (Castells, 2009; Domingues, 2013).

O texto avalia ainda se haveria uma quarta fase em curso. Sua maior indicação para esse processo está baseada nos efeitos da pandemia na vida cotidiana, dos quais se destaca o retorno do Estado na economia, o aumento da digitalização e seus efeitos na vida individual e as primeiras guerras em muitos anos, sendo uma em solo europeu.

---

1 O conceito de oligarquia tornou-se sinônimo de governo dos poucos sobre os muitos. Entretanto, para além desse fator, tem sido retomada a discussão do caráter econômico dos critérios platônicos, ressaltando a diferença entre um governo de proprietárias e não proprietários. Sobre isso, ver Winters (2011) e Kalyvas (2019). Para um outro ponto de vista, ver Domingues (2024). Já o de "plebeias" evoca mais diretamente a relação política nas bases das revoltas contra os privilégios de uma minoria (Breaugh, 2013). Para o papel dos partidos nisso, ver Ferreira (2025).

Do ponto de vista político, Domingues acredita que o cenário reafirma um novo tipo de regime, o qual categoriza como oligarquias liberais avançadas ou até mesmo uma forma de autocracia avançada. Se o primeiro regime é a manifestação de mudanças nas formas de democracia representativa (ela mesma, nas palavras do autor, um regime misto), em direção a um modelo de ainda maior concentração do poder nas mãos de poucos membros, enquanto a população vê sua influência no sistema político minguar, o segundo reduz ainda mais o espaço democrático. Portanto, Domingues observa que as revoltas plebeias da última década não conseguiram seus objetivos de maior democratização.

Pela ideia do plebeianismo, entende uma defesa desde o ponto de vista dos indivíduos livres contra as tendências da oligarquização — enquanto concentração de poder em poucas mãos — no sistema político. Nesse caso, explosões plebeias ocorreram nas mobilizações sociais de junho de 2013, no Brasil, na esteira da onda de "indignação global" iniciada com a Primavera Árabe (Bringel; Domingues, 2015), ou no O-19, no Chile (Araujo, 2019), mas sem alcançar seus objetivos de mudar as tendências em curso.

Nesse cenário de resposta às múltiplas crises, o Brasil e a América Latina se encontrariam convivendo com elementos do que se vê nos países do norte, mas não na mesma velocidade. Para entender nosso continente, devemos mirar em conceitos como o de assincronia de Gino Germani, ou de desenvolvimento desigual e combinado de Trotsky, em que se acentua a ideia de que as mudanças globais ocorrem em tempos distintos entre o centro e a periferia, levando a amálgamas específicas. Assim: "Se há uma possível transição na Europa e nos EUA para o regime político que se pode chamar de oligarquia liberal avançada, com formas de autocracia também se insinuando", escreve Domingues, "no Brasil algo semelhante, com elementos neopatrimoniais muito mais fortes, vem se desenvolvendo. As manifestações de 2013 demandavam mais democracia [...]; foram derrotadas (juntamente com as investigações sobre a corrupção) pelo sistema político em seu conjunto".

O final do texto afirma que a desdemocratização está na ordem do dia. Tal diagnóstico comunga com os desafios do atual ciclo constitucional, conforme abordado por Daniel Capecchi. Afinal, seu problema está justamente em considerar a interação que existe entre as instituições políticas e as capacidades de garantir e expandir direitos fundamentais.

No texto de Daniel Capecchi encontramos uma proposta alternativa para teorizar sobre a formação e a constitucionalização dos direitos. Capecchi critica a literatura hegemônica na área, a qual, através dos conceitos de geração ou dimensão dos direitos fundamentais, afirma um caráter teleológico, no sentido em que encontra um fio condutor na expansão do rol de direitos. Tal perspectiva, ao se colocar como cumulativa e aberta, termina por levar a discussão para a seara de descobrir qual é a próxima geração a ser constitucionalizada.

Na contramão dessa proposta, Capecchi procura apresentar pela teoria dos ciclos constitucionais uma proposta sistêmica para as transformações na ordem jurídica e, ainda, manter aberta a possibilidade de avaliar tendências futuras. Nesse sentido, propõe que os ciclos constitucionais "podem ser descritos, ao menos provisoriamente, como processos, com propriedades globais e locais, que produzem alterações nas dimensões de direitos e institucional de um regime constitucional de natureza interdependente e com caráter qualitativo e quantitativo".

Como inovação importante, contra ideias clássicas que buscavam periodizar momentos de crise e mudanças constitucionais através das comunidades políticas locais (Balkin, 2020), a concepção apresentada de ciclos traz à tona também a importância da escala global para a produção dos direitos na modernidade. Afinal, entre as características da modernização está a compressão espaço-temporal (Harvey, 1990), e, como Capecchi bem observa, ela também pode ser vista na dimensão jurídica.

Casos como o da pandemia global, a concentração de renda ou a regulação das plataformas digitais são lembrados, como casos em que há decisões locais, mas há também discussões e cooperação internacional. Esses fatores não estão apenas sendo discutidos a nível local, também tomam sua dimensão em debates mais amplos de caráter internacional.

Para pensar um ciclo constitucional, portanto, é necessário considerar a dimensão jurídica — novos ciclos trazem um novo rol de direitos fundamentais — e uma dimensão institucional. Esta segunda se refere aos arranjos institucionais necessários para acomodar e efetivar as demandas cristalizadas nesses direitos. Ao enveredar por essa proposta, Capecchi apresenta três ciclos constitucionais: um liberal, um outro social e um último neoliberal, no qual o Brasil estaria também inserido atualmente. O atual momento se caracteriza pela redução do papel do Estado e dos direitos coletivos, em detrimento de direitos individuais e do avanço das disputas políticas pelas vias jurídicas, especialmente em torno às pautas morais.

Nesse sentido, a extrema-direita é uma inflexão hiper-reacionária desse processo que já está em curso. Inflexão essa que reafirma o problema mais grave que seria pensar em como constituir um caminho alternativo para reconstitucionalizar o Brasil tendo em conta os impasses contemporâneos provados por essas múltiplas crises.

As preocupações constitucionais do autor estão em sintonia com os problemas esboçados por Cicero Araujo. Para o teórico político, a questão fundamental da democracia contemporânea está no avanço da extrema-direita. Araujo reafirma as razões para a preocupação com a *alt-right*, uma vez que ela parece se aproveitar da baixa legitimidade contemporânea das democracias representativas para poder firmar suas lideranças. Estas, por sua vez, sempre adotam um tom ambíguo em relação aos próprios limites do jogo eleitoral, como se a tatear os seus limites.

No entanto, Araujo centra sua atenção menos nas questões de como esses representantes minam a democracia e mais nas razões pelas quais eles adquirem um eleitorado. As razões para tanto estariam fincadas em uma crise de democracia global, a qual contraria as tendências históricas da modernidade. Afinal, se antes defendia-se que havia democracias sólidas e robustas nos países do Norte, parte do centro do capitalismo mais industrializados, enquanto o Sul amargava com a instabilidade do regime, isso mudou.

Neste sentido, o texto sugere que o ano de 2016 se torna um momento de culminância na formação desse novo fenômeno global da extrema-direita, com a primeira vitória de Trump e o Brexit. Culminância porque nos apresenta duas importantes vitórias desde o novo ator coletivo nos países berço da democracia representativa.

Mas os acontecimentos de 2016 teriam causas estruturais de mais longo fôlego. Ele apenas se mostra como um divisor de águas para a análise de três fenômenos que estão na base do problema que representaram Trump e o Brexit: a segunda globalização capitalista, a crise migratória e a crise ambiental. Todas elas fazem parte de processos sociais de mais longo prazo em curso.

O primeiro fator se refere à globalização neoliberal, a qual, diferentemente da primeira, não contou com o imperialismo para poder manter a estabilidade democrática em seus países, mas sim, passou a contar com o endividamento e a precarização dos próprios trabalhadores internos. Esses fatores foram intensificados, após a crise financeira de 2008, no caso econômico (Lavinas; Gonçalves, 2024; Streeck, 2012).

A própria globalização reafirmou dois outros problemas que estão em curso no presente, mas com causas distintas. A primeira é a crise migratória, cujas causas também podem ser encontradas, para Araujo, na própria instabilidade política vivenciada em parte do Oriente Médio e que levou a uma crise humanitária, com consequências para a migração massiva na Europa. Já, por outro caminho, o autor também reafirma a crise ambiental, cujas raízes mais do que apenas no capitalismo, estariam "nos próprios fundamentos da civilização moderna".

O texto nos apresenta bem esse panorama crítico e faz um bom trabalho ao identificar uma data para a emergência da extrema-direita como um ator coletivo da política. Poderíamos ainda salientar outro fator importante no ano de 2016, e que está na base dos dois eventos citados por Araujo: o escândalo envolvendo a Cambridge Analytica. A partir do escândalo que envolvia ainda o Facebook de Zuckerberg na época, Steve Bannon ganha os noticiários com estratégias de comunicação de redes para uma internacional da extrema-direita iliberal.[2] O caso da Cambridge Analytica reafirma o espaço das plataformas digitais como operadoras e mediadoras do poder comunicacional na modernidade contemporânea (Castells, 2009).[3] E por sua vez, o oligopólio da comunicação reafirma a relação entre oligarquização e desdemocratização.

A pertinência das reflexões dos três autores aqui estabelecidas nos coloca uma preocupante sombra sobre tendências futuras. Mas nos coloca também o desafio de nos indagarmos sobre que linhas de força existem hoje para construir alternativas imanentes às próprias contradições da modernidade. Alguns pontos poderiam ser elencados aqui, através das próprias crises da modernidade política apontadas. O próprio aumento da desigualdade e da precarização colocou na pauta do dia a crítica ao 1% mais rico da população e às castas políticas na década passada. Ao final dela, diversos pactos verdes surgiram como meio de afirmar uma relação entre bem-estar social e meio-ambiente, impulsionados por movimentos progressista no mundo (Pettifor, 2019).

Neste sentido, se há um descompasso entre periferia e centro, tal como exposto no conceito de desenvolvimento desigual e combinado de Trotsky, é também nessas quadras que teremos o "privilégios de alguns saltos[4] de democratização notáveis. O plebeianismo se institucionalizou constitucionalmente em países como Equador e Bolívia. Já o O-19 chileno abriu uma Convenção Constitucional, ainda que tenha

---

2 É o que se poderia dizer na comunicação política de uma teoria do troll, figura das redes caracterizado por fazer comentários ambíguos, entre o humor e a sua opinião real (Nunes, 2022).

3 Musk, Zuckerberg e o próprio Google já fizeram modificações importantes em suas plataformas para acomodar os interesses de Trump. Entretanto, o caso mais grave talvez seja o do próprio Musk ameaçando a retirada da Neuralink da Ucrânia. Ver: **https://www.bbc.com/news/articles/cy87vg38dnpo**. Acesso em: 27 mar 2025.

4 Essa era, afinal, uma das conclusões mais importantes tiradas por Trotsky ao defender as razões para a revolução comunista ter ocorrido primeiro na Rússia (Lowy, 1995).

sido derrotada. O Chile, inclusive, em sua década de revoltas, teve um forte protagonismo dos jovens, de estudantes às feministas, capazes de rearticular narrativas que modificaram o sentido da autoridade e da militância (Iñigo; Beyer, 2022).

Assim, a riqueza do diagnóstico dos autores não está apenas nos seus textos, mas no convite que nos fazem a estudar as tendências contemporâneas. E, por meio delas, descobrir suas contradições e os atores coletivos que poderão levá-las adiante, tanto no Brasil, como no mundo.

REFERÊNCIAS

ARAUJO, K. (Org.). *Hilos tensados*. Para leer el octubre chileno. Santiago: Universidad de Santiago de Chile, 2019.

BALKIN, J. *The Cycles of Constitutional Time*. Nova York: Oxford University Press, 2020.

BREAUGH, M. *The Plebeian Experience*: A Discontinuous History of Political Freedom. Nova York: Columbia University Press. 2013.

BRINGEL, B.; DOMINGUES, J. M. (Orgs.). *Global Modernity and Social Contestation*. Londres e Deli: Sage, 2015.

CASTELLS, M. *Communication Power*. Nova York: Oxford. 2009.

DOMINGUES, J. M. *Modernidade global e civilização contemporânea*. Para uma renovação da teoria crítica. Belo Horizonte: Editora UFMG, 2013.

DOMINGUES, J. M. *Political Modernity and Social Theory*: Origins, Development and Alternatives. Londres e Nova York: Routledge, 2024.

FERREIRA, D. H. M. *Organizando a ilusão*: Podemos, Frente Amplio e os dilemas dos partidos-movimentos numa era democrática. Tese de Doutorado em Sociologia — Universidade do Estado do Rio de Janeiro, 2025.

HARVEY, D. *The Condition of Postmodernity*: An Enquiry into the Origins of Cultural Change. Cambridge, MA: Blackwell, 1990.

IÑIGO, I.; BEYER, N. "Las militancias políticas. Continuidades y reconfiguraciones del ejercicio de la autoridad en las nuevas generaciones de la izquierda chilena". *In*: ARAUJO, K. (Org.). *Figuras de autoridad* — Transformaciones históricas y ejercicios contemporáneos. 1a. ed. Santiago: LOM, 2022.

KALYVAS, A. “Democracy and the poor: prolegomena to a radical theory of democracy”. *In*: *Constellations*, vol. 26, 2019: 538–553.

LAVINAS, L.; GONÇALVES, G. L. “A expropriação dos direitos universais no lastro do Bem-Estar”. *In*: LAVINAS, L.; MARTINS, N. M.; GONÇALVES, G. L.; WAEYENBERGE, E. V. (Orgs.). *Financeirização. Crise, estagnação e desigualdade*. São Paulo: Contracorrente. 2024.

LÖWY, M. “La théorie du développement inégal et combine”. *In*: *Actuel Marx*, vol. 18, 1995: 111-120.

NUNES, R. G. *Do transe à vertigem*: Ensaios sobre bolsonarismo e um mundo em transição. São Paulo: Ubu Editora. 2022.

PETTIFOR, A. *The Case for the Green New Deal*. Londres: Verso, 2019.

STREECK, W. “As crises do capitalismo democrático”. *In*: *Novos Estudos CEBRAP*, no. 92, 2012: 35–56.

TILLY, C. *Democracy*. Cambridge: Cambridge University Press, 2007.

WINTERS, J. *Oligarchy*. Nova York: Cambridge University Press. 2011.

TRANSFORMAÇÕES GLOBAIS, RESPOSTAS NACIONAIS. DESAFIOS E IMPASSES DO BRASIL CONTEMPORÂNEO

José Maurício Domingues

CRISES E FASES

A pandemia do coronavírus/COVID-19 consistiu em uma crise maior, que demandou uma forte intervenção do Estado para ser domada, com profundos impactos sanitários, econômicos e sociais. A situação geopolítica, com a guerra de agressão russa à Ucrânia e a competição entre a China e os Estados Unidos, junto à crescente crise climática, somaram-se a ela. Alguns falam, discutivelmente, de "policrise".[1] Na verdade, várias transformações estão se processando, evidenciando-se durante a pandemia e em sua sequência. Se a crise financeira de 2008 levou ao que se chamou de "estranha sobrevivência" do neoliberalismo, por seu turno a pandemia não se caracterizou como uma "conjuntura crítica" (conforme a literatura de "dependência de trajetória"), portanto, descartando-se mudanças gerais súbitas, com "pontuações

---

1 O conceito de "policrise" aparece em perspectivas liberais e de esquerda (ver Schwab, 2020; Lawrence, Janwood; Homa-Dixon, 2022), mas seu conteúdo mantém-se subdesenvolvido. Se uma retroalimentação pode ser efetivamente identificada entre todas as crises e mudanças pelas quais o mundo vem passando é duvidoso, embora em todas elas o Estado tenha se projetado.

das políticas públicas" (conceito presente na biologia evolutiva de Jay Gould, implicando saltos antes que mudanças paulatinas). Já a atual conjuntura se desdobra com transformações mais profundas, embora travadas em muitos aspectos (Crouch, 2011, 2022, 2024). O fato é que mudanças de era, mesmo quando ocorrem dentro de uma civilização dada, raramente se produzem em bloco e no curto prazo; ao contrário, hesitações, desacelerações, renovadas tentativas de solução, as caracterizam, com ritmos que se aceleram em certos momentos. Foi isso que ocorreu com a emergência do chamado "capitalismo de Estado" tal como originalmente identificado (com muitas limitações) pelo economista austríaco Rudolf Hilferding nos anos 1920 (Berding; Kocka; Schröder; Webler, 1974). Problemas se acumulavam, buscavam-se soluções, mas foi com a emergência do keynesianismo (juntamente como o Estado do Bem-Estar, sobretudo depois da Segunda Guerra Mundial) e, alhures, com, enfim, o desenvolvimentismo, que a solução se pôs consistentemente — com a Revolução Soviética introduzindo padrões semelhantes, mas também muito diferentes, no que concerne à vida social e às relações Estado-sociedade (conformando o "socialismo real", efetivamente coletivismo autoritário). Encontramo-nos no começo de uma mudança comparável àquela da primeira metade do século XX ou tão-somente variações e ajustes menores acham-se em curso?

A análise deve aqui se vincular à periodização desenvolvida após Hilferding ter introduzido a ideia de "capitalismo organizado", conquanto a ele próprio faltasse clareza quanto a suas consequências (aferrando-se, por exemplo, quando ministro socialdemocrata durante a República de Weimar alemã, a políticas econômicas essencialmente liberais). Ao passo que a periodização da modernidade não conta com unanimidade, sobretudo na forma com que será elaborada em seguida, muitos autores contribuíram nessa direção. Faz-se claro que a modernidade foi inicialmente liberal — ou ao menos tinha como programa a construção de estados e sociedades liberais, com economia de mercado (embora países como a Alemanha e o Japão fossem mais ou menos desviantes nesse sentido). No exterior, os países mais poderosos do mundo, onde a modernidade originalmente emergira — países "centrais", como a Comissão Econômica para a América Latina (CEPAL) das Nações Unidas e a teoria da dependência mais tarde diriam — construíram, ou tentaram fazê-lo — domínios coloniais, que foram fundamentais para o desenvolvimento da civilização moderna (inclusive durante a transição, historicamente não obrigatória, para ela). Uma crise que começou em fins do século XIX, consistindo em parte em efeito da ordem liberal então hegemônica e que o liberalismo tradicional não podia manejar, requereu mudanças que engendraram uma expansão do próprio liberalismo, desembocando nas já indicadas variantes de intervenção na vida econômica e social. Em todas elas o Estado ganhou proeminência e uma perspectiva mais coletivista se firmou. Um processo de democratização — em contraposição à oligarquização tradicional — ocorreu no âmbito dos sistemas políticos republicanos ou quase republicanos (constitucionais monárquicos); ou tal qual supostamente introduzida pelo poder operário. As políticas sociais se expandiram, enquanto a "natureza" (uma invenção do imaginário moderno) permaneceu (como no primeiro período e hoje ainda) uma entidade objetificada à disposição dos seres humanos. Todavia, essa configuração encarou uma séria crise da qual perspectivas neoliberais, projetos antidemocráticos e tentativas capitalistas de recuperar taxas de lucratividade se aproveitaram para supostamente encolher o Estado, ampliar os mercados e alterar as políticas sociais, amiúde limitando-as.

Esse foi o momento em que as fases da modernidade foram mais consistentemente teorizadas. Ao passo que alguns indicaram, por conta de "reflexividade" supostamente acentuada por volta dos anos 1990 e do crescimento dos "riscos", sobretudo ambientais (inicialmente com Beck, 1986), duas fases em seu desenvolvimento, outra corrente de teorização sublinhou o papel cambiante do Estado, implícita ou explicitamente sugerindo a existência de três fases. A primeira seria liberal, a segunda centrada no Estado (mas também fordista) e a terceira se configuraria como "capitalismo desorganizado", envolvendo políticas neoliberais (mas também o pós-fordismo) (Boyer; Saillard, 2002; Offe, 1985; Lash; Urry, 1997). Alguns aduziram uma concepção mais consistente das identidades, das práticas e do individualismo, de certo modo combinando os dois tipos de teorização (Wagner, 1994); outros insistiram no papel crucial das redes no desenvolvimento do capitalismo de altas tecnologias nas mais poderosas economias do planeta, logo de certa maneira relativizando o peso do neoliberalismo (Castells, 2010; mas igualmente Boltanski; Chiapello, 1999), com outros ainda enfatizando a terceirização, novos padrões de acumulação capitalista, com um novo padrão, restrito, de consumo, e o poder predominante do capital financeiro (agora divorciado de um papel produtivo na produção material, contrariamente ao entendimento de Hilferding — e em boa medida de Marx —, embora alinhados à teoria de Lenin do imperialismo — por exemplo, Harvey, 1989; Boyer, 2010). Enfim, os impasses do ambientalismo e dos movimentos que combatem a mudança climática, junto à crise do projeto de autonomia individual moderno e da democracia, nos estariam levando às portas de uma nova fase da modernidade, por assim dizer pós-beckiana (Blühdorn, 2024).

Em minha própria periodização das três fases da modernidade (Domingues, 2002, 2024), caracterizei a primeira delas como liberal-colonial (conquanto a América Latina e, obviamente, os Estados Unidos, tenham sido as primeiras colônias do ocidente a se tornarem independentes) e a segunda como organizada estatalmente (porquanto o Estado mais explícita e decisivamente interviesse na vida social de modo geral), com a variação do coletivismo autoritário (o resultado falsificado das revoluções socialistas). A terceira fase, em que se destacam o neoliberalismo e as redes, bem como a fluidez das identidades e várias vertentes de individualismo, engendrou uma *modernidade complexa*. O liberalismo republicano (ou quase republicano: monárquico constitucional) se expandiu durante a segunda fase e se democratizou, com fortes políticas sociais amiúde tendentes à democratização, mas a terceira viu um processo reverso — com desdemocratização e a emergência de políticas sociais calcadas na privatização, transferências monetárias para os pobres apenas e o "*workfare state*". Se a segunda fase teve o consumo intensivo como uma de suas marcas nos países centrais (limitadamente estendido com um "sobreciclo" de acumulação do capital alcançando alguns países da América Latina, com destaque para o Brasil, que já tinha uma forte base "indústria de base"), a terceira se definiu por um padrão extensivo, global, devido em larga medida ao surgimento das classes médias na China, com centralidade para o capital financeiro, embora não de modo absoluto.

A terceira fase da modernidade se esgotou, demandando novos arranjos sociais, com o Brasil desafiado nessas circunstâncias, em um processo que paulatinamente se desdobra. O mocho de Minerva ainda não abriu suas asas, mas podemos examinar os diversos aspectos da questão e esboçar uma resposta a esse desafio intelectual: de fato, estamos inaugurando uma nova fase da modernidade, a quarta, ainda mais complexa que a anterior, embora o momento seja de transição, por ora bastante caótica (Domingues, 2025).[2] Alguns têm sonhado com retornar à segunda ou até à primeira fase da modernidade (sobretudo na América Latina), com o Estado mantendo a preeminência que adquiriu durante a fase do "keynesianismo emergencial" aplicado durante a pandemia, sem abrir mão da vigilância e da repressão, ao passo que outros se aferram ao programa neo ou ordoliberal (frequentemente na Europa e em parte na Índia), ou até mesmo anunciam sua opção pelo anarcocapitalismo (como na Argentina), com os EUA trilhando caminho incerto. Entrementes, o partido-Estado na China reforçou o papel do Estado em todos os sentidos. Examinemos a questão com mais detalhes, embora sem poder determo-nos em cada um deles, para poder, em seguida, pensar o que ocorre e pode ocorrer no Brasil nas próximas décadas.

---

2 Pouco se teorizou até agora no que se refere a mudanças recentes, com exceção dos trabalhos de Boyer (2020) e Gerbaudo (2021), com os quais comparto certo número de avaliações concretas — com aquele a despeito de ele enfatizar em excesso o poder do capitalismo de plataforma —, bem como, de maneira mais específica, mas incisiva, com Apeldoorn e Graaff (2022). Para minhas avaliações iniciais, ver Domingues, 2022.

Veremos que realmente uma nova fase da modernidade se anuncia, a quarta, ainda com contornos difusos, globalmente e entre nós, com inclusive rupturas que vão além da mera "aceleração" de mudanças já em curso produzida pela pandemia (Hogan; Howlett; Michael; Murphy, 2023; Fifi, 2024). Elas são agora impulsionadas pela nova presidência de Donald Trump, com suas ambições geopolíticas e medidas econômicas, incluindo sua política tarifária, e a crise mais geral do liberalismo internacional, desde a invasão da Ucrânia pela Rússia.

OS ASPECTOS PRINCIPAIS DAS MUDANÇAS CONTEMPORÂNEAS

Não posso, por razões de espaço, me aprofundar nos diversos aspectos das mudanças contemporâneas, remetendo o leitor a outros textos meus (por exemplo, Domingues, 2023a, 2023b, 2024, particularmente caps. 7-9; sobretudo 2025). Na seção seguinte, irei me ocupar do Brasil. Sucintamente, os principais processos em curso são os seguintes.

1. Globalmente assistimos a um processo de desdemocratização. O século XX, contando com a inclusão das grandes massas nos sistemas políticos, moveu-se na direção da democracia, mas hoje é uma forma de oligarquia avançada o regime político que se insinua no horizonte, quando não se trata de formas avançadas de autocracia, pseudodemocráticas no mais das vezes, conjugadas com diferentes formas de capitalismo (*cf.* Rússia e China — com possíveis rebentos em outras paragens). Há resistências plebeias — isto é, daqueles excluídos do poder político fático —, mas elas não se mostram suficientemente robustas para romper com esse padrão. Um mal-estar permanente e uma rejeição às "elites" teimam em não ir — e não irão — embora, com uma deslegitimação amiúde tão suave quanto permanente dos sistemas políticos (na China, envolvendo o pacto do crescimento econômico que compensaria a frustação com a falta de liberdade e participação).

2. Economicamente, há claramente um retorno do Estado à linha de frente, com política industrial, regulação das grandes empresas (incluindo, mas não apenas, as plataformas oligopolistas da internet, ainda que o governo de Trump tenha provavelmente voltado ao "bem-estar do consumidor", contra o "poder de mercado" das empresas sob o governo Biden), protecionismo, em particular nas áreas de alta tecnologia, mesmo planejamento ("indicativo", como na França gaulista), embora alguns até há pouco se aferrassem, sobretudo na Europa (Alemanha) ou por recomendação do Banco Mundial e do Fundo Monetário Internacional, ao neo ou ordoliberalismo, que agora, parcialmente, cede espaço por ser incapaz de dar conta dos desafios do presente. Isso é evidente quando se põe a questão da mudança climática, frente à qual urge uma transição energética acelerada, deixando para trás os combustíveis fósseis. Sem a presença massiva do Estado, ela é inalcançável. De fato, está ocorrendo com o apoio crucial deste, nos quadros de um padrão possivelmente cambiante de acumulação — e de rearmamento na Europa. O papel do capital financeiro está em xeque também e os padrões de consumo — intensivo ou extensivo, implicando diferentes magnitudes de massas salariais — são inquiridos. A questão das desigualdades, antes que apenas da pobreza, vem assim alcançando mais visibilidade, mas parece bloqueada. Guerras comerciais estão também na ordem do dia, sobretudo impulsionadas pela eleição de Donald Trump em 2024, que reabre o horizonte de possibilidades — ou negação — da política econômica em muitas dimensões (impostos, tarifas, transição energética etc.).

3. Se falamos de competição econômica entre países, deparamo-nos com uma ordem internacional transformada. No pós-Guerra Fria muito decisiva, claramente vigeu uma forma forte de liberalismo internacional, com regras em diversos

âmbitos que seguiam essa perspectiva. Isso estava fadado a ser de curta duração. A ascensão da China e em parte a recuperação da Rússia relativizaram essa situação, ainda que os EUA sigam sendo, de longe e ademais secundados pela Europa, a principal potência mundial. Além da competição econômica, uma nova corrida armamentista tem tido lugar e algumas regras do sistema internacional vêm sendo questionadas (comerciais e relativas aos direitos humanos, mormente). Seria infantil supor que essa nova configuração representa por si um mundo em que processos de emancipação se projetam — trata-se antes da reafirmação da dinâmica contraditória moderna opondo globalização e nação/nacionalismo. Qual balanço entre nacionalismo e blocos, de um lado, e cosmopolitismo, de outro, vai prevalecer se encontra ainda em aberto, com o primeiro polo ganhando muito força no momento.

4. Por outro lado, a política social parece imutável. Sua base, em todo mundo, é a transferência de renda, muito mais generosa na Europa que no resto do mundo. Realmente, é ali que os sistemas de políticas sociais são mais robustos. Ou seja, a questão em pauta é na verdade administrar os pobres e o pauperismo, já desde ao menos os anos 1990, embora na Europa (e talvez na China) a questão do "investimento social" tenha se fortalecido mais recentemente, buscando também coesão e legitimidade social para o Estado e as coletividades dominantes. Nota-se que, apesar de uma vigilância epidemiológica hoje já maior que a que funcionava antes da pandemia, os sistemas de saúde não foram reforçados ao redor do mundo. Por outro lado, há uma mudança forte nas formas do trabalho e do próprio mercado de trabalho, com a inteligência artificial e a plataformização do capitalismo (o Uber mostrando-se a mais destacada) anunciando um novo mundo ou ao menos a pluralização do antigo.

5. É preciso, por outro lado, levar em conta diferenças entre países e especialmente a posição de cada país no sistema capitalista global, para não falar de diferentes sistemas capitalistas e políticos. Tema crucial é o papel do capital financeiro, com sua preeminência na vida econômica, social e política. Na China, o capital financeiro permanece sob o controle do Estado; ameaças de crise são constantes, mas nunca se materializaram. Esse tipo de capital ("portador de juros" ou "fictício" segundo o marxismo) cumpre papel importante no financiamento do desenvolvimento chinês que agora vive os impasses típicos dos países de renda média, com seu governo lutando para evitar esse destino. Nos países de capitalismo liberal, recentemente, ao que parece, o capital financeiro enfrenta dificuldades econômicas e políticas no centro do sistema, conquanto mantenha-se poderoso na periferia e na semiperiferia. Será efetivamente reduzido seu papel e serão redirecionados seus recursos para a produção real nessas sociedades? O que ocorrerá nos países em desenvolvimento, em que as ditas PPPs (parcerias público-privadas) deveriam remediar a falta de recursos do Estado para dar conta de suas tarefas precípuas de construção e administração de infraestrutura e implementação de políticas sociais? Mudanças de curso estão em processo; seu alcance e contornos mais precisos ainda não se definiram, dependendo de correlações de forças futuras e desenhos institucionais, bem como do que a imaginação social será capaz de propor. Para interpretá-las, cumpre, de todo modo, que mantenhamos olhos e mentes abertos.

6. Curiosamente, nem as ciências sociais, nem a psicologia vêm dando muita atenção aos efeitos da pandemia nos indivíduos e coletividades. Alguns indícios, que demandam mais investigação, podem ser trazidos à discussão. Durante a própria pandemia falou-se em "despersonalização", causada pelo isolamento e o uso intensivo das redes sociais. Isso não foi de fato superado. Fala-se

ainda, com mais intensidade, do que muitos classificam como uma "epidemia de solidão", com efeitos psíquicos e físicos inclusive. O individualismo, em um mundo em que os processos sociais mais amplos estão já empurrando nessa direção, seria reforçado. Leve-se em conta, porém, que há muitas formas de individualismo: uma delas, ao menos (o "individualismo social"), mantém nossos laços coletivos e a preocupação com o bem comum, importante para a atenção à política, embora os sistemas políticos em si sejam rejeitados cada vez mais pelos cidadãos. De todo modo, um individualismo defensivo (implicando posturas passivo-agressivas) parece ter se firmado. Enfim, nos países onde há hoje forte imigração, ele se combina com identidades coletivas também defensivas em que o "outro" é recusado, ainda que, ao menos entre a maioria dos jovens, o pluralismo das identidades e práticas seja em geral valorizado e a xenofobia encontre pouco abrigo. Os níveis de bem-estar não subiram em relação ao período mais duro da pandemia.

E O BRASIL NISSO E COM ISSO?

Como situar a América Latina, de modo geral, e o Brasil, em particular, nesse cenário global em transformação, nesta emergente quarta fase da modernidade? Talvez a primeira providência a tomar seja trazer à discussão a tese de Gino Germani (1965, cap. 3) sobre a "assincronia" da mudança social (geográfica, institucional etc.). Ao passo que nos Estados Unidos e na Europa, e em parte no Japão, assim como à sua própria maneira na China, mudanças muito claramente estão em curso, na América Latina o tempo parece congelado. Decerto, houve uma perspectiva de transformação relativamente forte durante as primeiras décadas do século XXI com o dito "giro à esquerda"; esse ciclo, porém, se esgotou e deixou pouco em seu rastro. Ao que parece, vivemos agora sob o signo da democracia liberal, com sua alternância de poder, hegemonizado o novo ciclo, entretanto, pela direita, embora não de forma absoluta. Mas muitos dos debates cruciais que se apresentam ao mundo entre nós se desenham de forma torta, pouco refletida e prenhe de mal-entendidos. Até mesmo Cuba, a expressão subcontinental do coletivismo autoritário (o suposto "socialismo real"), se aferra ao passado, em contraste com a China e o Vietnam. O Brasil não constitui, infelizmente, exceção à regra. De fato, parece que nos livramos de Jair Bolsonaro como presidente, conquanto nem de sua influência política nem muito menos da extrema-direita. Mas isso não é o suficiente. Sequer nossas ciências sociais e economia parecem atentas, muitas vezes, para os tipos de questões que se apresentam nos países liberais acima citados.

Comecemos com a política. O sistema político brasileiro muito paulatinamente se democratizou, deixando em larga medida para trás o regime oligárquico tradicional que o caracterizava. Um longo ciclo, compartilhado com seus vizinhos, se desdobrou rumo à democratização entre meados dos anos 1970 e 2000 e pouco. Mas isso implicou o estabelecimento da democracia liberal-representativa, que é enquanto tal um regime misto, isto é, democrático (com suas características "poliárquicas") e oligárquico (uma vez que é controlado, de forma mais ou menos fechada, por grupos de "políticos profissionais" que em boa medida ao menos estão interessados neles mesmos, antes que no "bem comum"). Nesse sentido, vige uma democracia *liberal* muito mais que representativa. Esse problema tem sido sistematicamente negligenciado pela ciência política como aspecto crucial da crise latente dos sistemas políticos contemporâneos com status de variável endógena. No Brasil ele é crucial, mesclado ao neopatrimonialismo; afetou de maneira profunda a performance da esquerda e, paradoxalmente, ajudou a ascensão da extrema-direita, embora outros fatores, "exógenos", por assim dizer, tenham de ser levados em conta, como a desindustrialização (Santos; Moura; Vaz; Paiva, 2024).

Se há uma possível transição na Europa e nos EUA para o regime político que se pode chamar de oligarquia liberal avançada (no qual a parafernália democrática é mantida, mas encontra-se esvaziada de sentido e eficácia), com formas de autocracia avançada também se insinuando (ou tentando emergir — por exemplo com o governo de Trump), no Brasil algo semelhante, com elementos neopatrimoniais muito mais fortes, vem se desenvolvendo. As manifestações de 2013 demandavam mais democracia, algo que a esquerda nacional se recusa a compreender; foram derrotadas (juntamente com as investigações sobre a corrupção) pelo sistema político em seu conjunto. Em suma, desdemocratização é a ordem do dia, com ou sem a extrema-direita no poder, a qual tentou retornar ao regime "burocrático-autoritário" dos anos 1960-1970, debalde (por razões de fundo, provavelmente, isto é, seu anacronismo, e não apenas por seu estilo "tabajara") (Domingues, 2021, cap. 1). De resto, aventuras autocráticas têm tido problemas para consolidar-se em países liberais-democráticos, contrariamente ao que as discussões sobre a implosão da democracia sugerem (Laebens, 2023).

Na economia, verifica-se algo semelhante. O boom das *commodities* ajudou muito o período dos governos Lula da Silva e os inícios de Dilma Rousseff, com sonhos de reindustrialização que não se concretizaram. O desenvolvimentismo com estilo dos anos 1950 (ainda mais calcado em certo momento no sonho do Pré-Sal e apostando nas grandes obras de infraestrutura) comandava a agenda, acompanhado de uma tentativa de expansão mais geral do mercado interno, mediante o aumento dos salários e políticas de transferência de renda focalizada (Rodríguez Ortiz, 2016). A segunda parte do programa foi bem-sucedida, a segunda fracassou redondamente, com avanços na financeirização da economia (Lavinas; Martins; Gonçalves; Wayenberge, 2024). Houve ainda o reforço da reprimarização da economia (com uma agroindústria altamente tecnológica, porém, e mineração), se bem que a indústria de transformação ainda tenha participação razoável no Produto Interno Bruto (PIB). Como resposta à crise que se arrastava desde 2016, o empresariado apostou na baixa do preço da força de trabalho e na redução dos gastos do Estado. Enfim, modificações no mercado de trabalho ocorrem, com avanços na plataformização e expansão modernizada do mercado informal.

Afora isso, nada mudou. A luta se dá agora em torno à arrecadação e aos gastos do Estado, que poderiam impulsionar a economia, com os agentes financeiros segurando o arranjo que lhes garante o pagamento da dívida pública com altos juros. Um plano mais modesto de reindustrialização — verde também, supostamente — se apresentou, mais voltado para tecnologias de média e alta complexidade (na saúde, na biotecnologia, nos semicondutores, por vezes de novo, discutivelmente tentando utilizar o poder de compra da Petrobras) (Feijó; Feil; Amorim Teixeira, 2024); a digitalização da indústria também é objeto de um amplo projeto (AGÊNCIA BRASIL, 2024). Alguns sonham em voltar ao passado, com lampejos de neodesenvolvimentismo tradicional se apresentando, mas este já se provou inviável, econômica e politicamente. Socialmente, o Sistema Único de Saúde (SUS) segue subfinanciado e as políticas focalizadas nos mais pobres comandam as iniciativas governamentais — até porque os recursos são escassos dada a configuração do acordo com o Congresso para a suposta redução da dívida pública. Enfim, entre ricos e classes médias abastadas, de um lado, e a massa mais pobre da população, de outro, seguem desatendidos aqueles que ganham entre três e cinco salários-mínimos, os quais têm hoje enorme mágoa com a esquerda (que durante seus governos só falou e atendeu aos "pobres"), envolvendo um gravíssimo problema político.

Desenvolvimento econômico e clima são hoje termos inevitavelmente imbricados. O Brasil tem de fato uma matriz energética com relativamente pouca emissão de carbono, mas há outros temas a considerar. O primeiro deles é a Amazônia, obviamente. Apesar de o atual governo ter uma ministra-estrela da área, o que se tem feito parece seguir sendo insuficiente no que tange tanto à região amazônica quanto à questão climática. Verdade que nem o Congresso nem os outros entes federais ajudam, ao contrário. De qualquer forma, como já se punha com a questão ambiental de modo geral, como combinar desenvolvimento econômico, proteção ambiental e resposta à emergência climática não é simples, sobretudo em países de economia primário-exportadora, nos quais há fortes demandas por emprego e bem-estar social, ao passo que essas atividades em si têm níveis altos de emissão de gases de efeito estufa. Soluções locais ou supostamente tradicionais são insuficientes, ao passo que destruir tudo em volta não é de forma alguma aceitável, simplesmente agravando o problema. Apostar em alta tecnologia é salutar, porém no curto-prazo não parece oferecer resultados tangíveis. A exploração do hidrogênio verde já está em operação. Gera impactos negativos e mantém o padrão primário-exportador. Não parece, por outro lado, eliminável. Seria possível aproveitar sua expansão para dar outros saltos tecnológicos e econômicos — o que por outro lado não é certo. Enfim, a utilização de veículos automotores, em um país em que burramente a malha ferroviária é diminuta, é questão séria e complicada. Vale investir em baterias e carros elétricos ou serão o etanol e os biocombustíveis a melhor solução?

Para além das políticas sociais focalizadas deveria, de todo modo, haver vida. A saúde pública, políticas de renda mínima, melhoria da educação básica e expansão sustentada da educação superior deveriam estar na agenda nacional. Isso só ocorre obliquamente, o mesmo no fim das contas ocorrendo com a ciência. As restrições orçamentárias ferem profundamente qualquer perspectiva como essa, mas a questão parece ser mais profunda, uma vez que o tema da pobreza (e da "equidade") segue se sobrepondo ao da igualdade, o que remete, mais uma vez, aos trabalhadores que não são tocados pelas políticas focalizadas nos mais pobres, embora a isenção do imposto de renda a vastas camadas os tenha como endereço político.

Enfim, cabe indagar sobre a sociabilidade e as identidades no Brasil atual. Se acompanhamos o que parece ocorrer na Europa e nos Estados Unidos, mais individualismo pós-pandêmico é de se esperar. Qual combinação de tipos distintos de individualismo é a questão, em particular, como se relaciona com a vida pública. Evidentemente, aspecto crucial disso é a estabilização, se não crescimento, mas também possível evolução das religiões evangélicas, hoje amplamente hegemonizadas pela extrema-direita, em paralelo ao que seria a participação da população brasileira na epidemia global de solidão, com o Brasil se colocando renitentemente nos últimos lugares nas pesquisas globais sobre bem-estar (Global Mind Project, 2024).

Para além disso, o que esperar e propor a uma juventude com caminhos difíceis e expectativas reduzidas, cujo sofrimento psíquico neste país não parece comandar nenhuma atenção (como as brutais reações às manifestações de 2013 demonstraram, focando-se apenas nos supostos maravilhosos avanços materiais que deveriam servir quase como um cala-boca)? Não adianta esperar pelo ressurgimento de um movimento operário e sindical, em nenhum lugar do mundo e muito menos aqui, não obstante recuperações parciais, decerto sob formas muito distintas, em todo caso. Nem há porque supor que os partidos políticos — máquinas políticas tão pesadas e tradicionais neste país — serão capazes de ampliar sua militância e efetivamente ganhar a confiança da população, senão, com sorte, na hora do voto. O compromisso da população com a democracia, ainda que por vezes por linhas tortas, segue, entretanto, forte. É pelo menos um começo. Mas para uma política de fato progressista é preciso renovar radicalmente a esquerda (Domingues, 2021).

CONCLUSÃO

Do que foi dito aqui, a relação entre as transformações em curso nos países centrais da modernidade e aquelas que se processam na América Latina, especificamente o Brasil, tal qual discutido neste texto, se põe como questão a ser tratada com cuidado nos próximos anos. Assim como em outras partes, por sua posição no sistema global intrinsecamente mais dinâmica, estamos adentrando lentamente (particularmente lentamente, possivelmente) uma nova fase da modernidade, a quarta, como argumentei. Esta se desdobra, deve-se ter em mente, com ritmos e densidades espaço-temporais distintas.

Trotsky (1937) tinha conceito próprio, muito mobilizado na América Latina nos anos 1950-1970, para tratar de temas semelhantes à assincronia germaniana da mudança social: “desenvolvimento desigual e combinado". A ambos devemos acrescentar a ideia de que há, também, para além da assincronia e da combinação desigual do que ocorre nas diversas regiões do mundo, especificidades na forma em que a modernidade se desdobra. Olhando o retrato do presente, podemos ter a impressão de que para baixo do Equador vivemos a suspensão da história, as convulsões causadas pelo bolsonarismo e seus rebentos não obstante — os quais seriam eles mesmos uma consequência dessa paralisia, o que não deixa de ser verdadeiro. Afinal, o que não avança retrocede. Essa impressão de paralisia pode rapidamente, de todo modo, provar-se falsa. Que forças não podemos ainda discernir, as quais certamente emergirão dos impasses do presente, demandarão nossa atenção intelectual e política?

As questões do Brasil são hoje as questões do século XXI. O passado oferece, ao contrário do que muitos em parte justificadamente estavam acostumados até há pouco, poucas chaves para entendê-las e a elas responderem. Muito dependerá da imaginação política de cidadãos e, por que não, dos intelectuais, hoje majoritariamente inseridos na vida universitária. Estamos definitivamente entre o presente e o futuro.

REFERÊNCIAS

AGÊNCIA BRASIL. Entenda o programa Nova Indústria Brasil, 22 jan 2024. Disponível em: **https://agenciabrasil.ebc.com.br/economia/noticia/2024-01/entenda-o-programa-nova-industria-brasil.** Acesso em: 29 set 2024.

APELDOORN, B. van; GRAAFF, N. de. "The state in global capitalism after the Covid-19 crisis". *In*: *Contemporary Politics*, vol. 28, 2023: 306-327.

BECK, U. *Risiko Gesellschaft. Auf dem Weg in eine andere Moderne.* Frankfurt am Main: Suhrkamp, 1986.

BERDING, H.; KOCKA, J.; SCHRÖDER, H.-C.; WEBLER, H.-U. (Orgs.). *Organisierte Kapitalismus.* Göttingen: Vanderhoerck & Ruprecht, 1974.

BLÜHDORN, I. (2024) *Unhalbarkeit. Auf dem Weg eine andere Moderne.* Berlin: Suhrkamp.

BOLTANSKI, L.; CHIAPELLO, E. *Le Nouvel esprit du capitalism.* Paris: Gallimard, 1999.

BOYER, R. "Is a finance-led growth regime a viable alternative to Fordism? A preliminary analysis". *In*: *Economy & Society*, vol. 29, 2010 : 111-145.

BOYER, R. *Le Capitalisme a l'épreuve de la pandemie.* Paris: La Découverte, 2020.

BOYER, R.; SAILLARD, Y. (Orgs.). *Théorie de la régulation. L'Etat des savoirs.* Paris: La Découverte, 2002.

CASTELLS, M. *The Rise of the Network Society*: The Information Age: Economy, Society, and Culture, vol. 1. Oxford: Blackwell, 2ª edição, (1996, 2000) 2010.

CROUCH, C. *The Strange Non-Death of Neoliberalism*. Cambridge: Polity, 2011.

CROUCH, C. "Reflections on the COVID moment and life beyond neoliberalism". *In*: *Transfer*, vol. 28, 2022: 31-45.

CROUCH, C. "Neoliberalism: still to shrug off its mortal coil". *In*: *Social Europe*, 5 Jan 2024.

DOMINGUES, J. M. *Interpretando a modernidade. Imaginário e instituições*. Rio de Janeiro: Editora FGV, 2002.

DOMINGUES, J. M. "Do risco global à ameaça global: capacidades estatais e modernidade em tempos de coronavírus" ([2020] 2022). *In*: *Da pandemia à mudança climática*. Rio de Janeiro: Mórula, 2024.

DOMINGUES, J. M. *Uma esquerda para o século XXI. Horizontes, estratégias e identidades*. Rio de Janeiro: Mauad, 2021.

DOMINGUES, J. M. "Teoria crítica e mudança climática: subjetividade coletiva, evolução e modernidade" (2023a). In: *Da pandemia à mudança climática*. Rio de Janeiro: Mórula, 2024.

DOMINGUES, J. M. "Post-pandemic tendencies and the phases of modernity". *In*: *Global Dialogue*, vol. 13, 2023b. Disponível em: **https://globaldialogue.isa-sociology.org/uploads/imgen/3326-v13i1-english.pdf**.

DOMINGUES, J. M. *Political Modernity and Social Theory*: Origins, Development and Alternatives. Londres e Nova York: Routledge, 2024.

DOMINGUES, J. M. "Multiple crisis, new responses: a new phase of modernity". *In: International Sociology*, vol. 40, 2025.

FEIJÓ, C.; FEIL, F.; AMORIM TEIXEIRA, F. "Neoindustrialização — Reindustrialização em tempos de mudança climática". *In*: *Texto para discussão FINDE 23*, 2024: 1-29.

FIFI, G. "The EU, the COVID-19 pandemic and the role of ambiguity in crisis-management". *In*: *Journal of European Public Policy*, vol. 32, 2025: 128-151.

GERBAUDO, P. *The Great Recoil*: Politics after Populism and the Pandemic. Londres e Nova York: Verso, 2021.

GERMANI, G. *Política y sociedad en una época de transición*. De la sociedad tradicional a la sociedad de masas. Buenos Aires: Paidós, 1965.

GLOBAL MIND PROJECT, *The Mental State of the World in 2023*, 2024 Disponível em: **https://mentalstateoftheworld.report/**. Acesso em: 10 abr 2025.

HARVEY, D. *The Post-Modern Condition*: An Inquiry into the Origins of Cultural Change. Oxford: Blackwell, 1989.

HOGAN, J.; HOWLETT, M; MURPHY, M. "Re-thinking the coronavirus pandemic as a policy punctuation: COVID-19 as a path-clearing policy accelerator". *In*: *Policy and Society*, vol. 41, 2022: 40-52.

LAEBENS, M. G. "Beyond democratic backsliding: executive aggrandizement and its outcomes". *In*: University of Gothenburg, V-Dem Institute, *Users Working Papers*, Series 2023:24, 2023: 1-46.

LASH, S; URRY, J. *The End of Organized Capitalism*. Cambridge: Polity, 1987.

LAVINAS, L.; MARTINS, N. N.; GONÇALVES, G. L.; WAYENBERGE, E. V. (Orgs.). *Financeirização. Crise, estagnação e desigualdade*. São Paulo: Expressão Popular, 2024.

LAWRENCE, M; JANSZOOD, S.; HOMER-DIXON, T. *What is a global poly crisis? And how is it different from a systemic crisis?* Cascade Institute, 2022-4, 2022.

OFFE, C. *Disorganized Capitalism:* Contemporary Transformations of Work and Politics. Cambridge, MA: MIT Press, 1985.

RODRÍGUEZ ORTIZ, M. E. "O social liberalismo e os programas de transferências monetárias condicionadas na América Latina". *In*: PEREIRA DA SILVA, F.; NOBREGA, R. (Orgs.). *Estudos de Teoria Social e América Latina*. Rio de Janeiro: Ponteio, 2016.

SANTOS, F.; MOURA, R.; VAZ, C; PAIVA, Y. "Desindustrialização e a dinâmica das eleições presidenciais no Brasil". *In*: *Opinião Pública*, vol. 30, 2024: 1-36.

SCHWAB, K. "Now is the time for a 'Great Reset'". *In*: *World Economic Forum*, 2020. Disponível em: **https://www.weforum.org/agenda/2020/06/now-is-the-time-for-a-great-reset/**. Acesso em: 1 Nov 2020.

TROTSKY, L. *History of the Russian Revolution*, vol. 1. Londres: Sphere Books, (1932-1933) 1967.

WAGNER, P. *A Sociology of Modernity*: Liberty and Discipline. Nova York e London: Routledge, 1994.

UM NOVO CICLO CONSTITUCIONAL BRASILEIRO?

Daniel Capecchi Nunes

INTRODUÇÃO

Como compreender, de modo sistêmico, as transformações em uma ordem constitucional? Em que medida uma teoria que tenha tal preocupação pode explicar as transformações que ocorrem no regime constitucional brasileiro e apontar prováveis caminhos para o futuro? Diante dessas duas perguntas, o presente texto propõe que uma teoria dos ciclos constitucionais tem maior capacidade explicativa e de captura de tendências do que análises pontuais ou teorias tradicionais — como a das gerações ou dimensões de direitos — para interpretar as diversas mudanças pelas quais o regime constitucional brasileiro tem passado nos últimos anos e os caminhos que se delineiam para o futuro.

De modo sintético, ciclos constitucionais são processos, com propriedades globais e locais, que produzem alterações nas dimensões institucional e de direitos de um regime constitucional, de caráter qualitativo e quantitativo e natureza interdependente. Partindo da premissa que o presente ciclo constitucional neoliberal se encontra em um momento de esgotamento (Benish; Levi-Faur, 2020; Gerbaudo, 2023; Durant, 2022), pretendo avaliar quais os possíveis caminhos para um novo ciclo, seja ele de robustecimento ou de superação do atual.

Tradicionalmente, a narrativa sobre a evolução dos regimes constitucionais é feita a partir de dois grandes eixos. O primeiro diz respeito às transformações no modelo de Estado. Ilustrativa dessa posição é a ideia de uma transformação de um Estado Liberal para um Estado Social, por exemplo (Bonavides, 2013). O segundo eixo concerne à evolução do elenco de direitos fundamentais, à luz de uma lógica geracional (Griffin, 2008), segundo a qual "acolhe[-se] a ideia da expansão, cumulação e fortalecimento dos direitos humanos, todos essencialmente complementares e em constante dinâmica de interação" (Piovesan, 2006, p. 135). Da sobreposição desses dois eixos, surgiria uma perspectiva segundo qual os direitos fundamentais seriam frutos de um processo incremental de acúmulo, para a qual cada modalidade de Estado teria dado uma certa contribuição permanente.

A partir dessa perspectiva, a teoria das gerações de direitos humanos foi desenvolvida por Karel Vasak, no final dos anos 70 e buscava explicar como os direitos humanos se desenvolveram, após a Revolução Francesa, de forma global e com valor universal "e não mais como uma série de conceitos separados" (Vasak, 1997, p. 1653). Em outras palavras, tratava-se de uma teorização que pretendia explicar como os direitos humanos ganharam tração e foram se desenvolvendo historicamente a partir de seus contextos de surgimento. Nessa lógica, "as circunstâncias jurídico-políticas e a própria evolução cultural, que caracterizaram os direitos e as liberdades desde a época moderna até o presente, determinaram uma decantação do enfoque dos direitos humanos" (Luno, 2013, p. 164). Cada época da evolução do Estado de Direito teria tido o condão de criar uma lógica própria de direitos, que foram se organizando à luz de certas características que envolvem sua forma de exigibilidade e sua titularidade.

De acordo com essa narrativa, há três grandes gerações de direitos. Primeiro, os direitos de primeira geração, do Estado liberal-burguês, entendidos como aqueles que "têm por titular o indivíduo, são oponíveis ao Estado, traduzem-se como faculdades ou atributos da pessoa e ostentam uma subjetividade que é seu traço caraterístico" (Bonavides, 2020, p. 578). Em seguida, os direitos de segunda geração, comprometidos com o ideal da igualdade material e com um Estado do Bem-Estar Social, "caracterizando-se, ainda hoje, por outorgarem ao indivíduo direitos a prestações sociais estatais, como assistência social, saúde, educação, trabalho etc." (Sarlet, 2021, p. 47). Por fim, os direitos de terceira geração teriam como característica distintiva uma titularidade difusa ou coletiva e o fato de que, simultaneamente, seriam "oponíveis e exigíveis do Estado" (Vasak, 1997, p. 1654), como é o caso do direito ao meio-ambiente.

No Brasil, essa perspectiva geracional foi muito difundida por Paulo Bonavides e se tornou a descrição mais usual sobre a evolução dos direitos fundamentais. Apesar disso, relevantes críticas foram direcionadas a ela. Uma primeira crítica se refere à própria nomenclatura. Para essa visão, o uso da expressão "gerações", "conduz ao entendimento equivocado de que os direitos humanos se substituem ao longo do tempo, não se encontrando em processo de expansão, cumulação e fortalecimento" (Sarlet, 2021, p. 45). Para suprir esse problema, parte da literatura propõe o uso da expressão "dimensões" de direito fundamentais, cuja adoção também não ficou imune a ressalvas por parte da literatura (Dimoulis; Martins, 2014).

A segunda crítica é de cunho cronológico e diz respeito à imprecisão dessa ordem geracional para descrever o surgimento dos direitos fundamentais em nossa realidade. Como afirma Virgílio Afonso da Silva, "a história dos direitos fundamentais no Brasil tem peculiaridades que a sequência de gerações descritas por Vasak simplesmente não é capaz de expressar ou explicar" (Silva, 2021, p. 124). De modo geral, o que se reproduz aqui é a percepção de que as narrativas globais sobre uma suposta ordem de surgimento dos direitos não se aplicariam de forma satisfatória à realidade brasileira (Carvalho, 2015).

A terceira crítica diz respeito à própria conceituação dos direitos, à luz de seu suposto período de surgimento histórico e do tipo de posição em que eles colocariam o cidadão em face do Poder Público. A leitura de que os direitos de primeira geração, liberais, seriam, precipuamente, de defesa e os direitos de segunda geração, predominantemente, à prestação não se sustentaria diante da realidade. Devido à sua multifuncionalidade (Sarlet, 2021), todos os direitos envolveriam atuações omissivas e comissivas. A propriedade, direito liberal de primeira ordem, exige para sua manutenção uma estrutura de prestações estatais que envolve o aparelho repressivo do Estado que existe desde sua origem. Como ilustram Holmes e Sunstein (2019, p. 45), "[o]s direitos de propriedades dos credores, como os dos proprietários de terra, seriam palavras vazias sem as ações positivas de autoridades cujo salário é pago com dinheiro público". Dessa maneira, caracterizar direitos por uma natureza positiva ou negativa seria um equívoco fundado na pretensão ideológica de naturalizar o modelo de Estado liberal.

A despeito de tais críticas, a narrativa progressiva seguiu com grande prestígio na literatura brasileira — seja sob a nomenclatura de gerações ou de dimensões de direitos (Sarlet, 2016). Do ponto de vista do presente capítulo, além dos limites e falhas já mencionados, o grande problema dessa estrutura teórica é a sua premissa de que o processo de evolução dos direitos fundamentais é "qualitativamente cumulativo e aberto" (Sarlet, 2021, p. 55). Em outras palavras, a lógica central é a de que os momentos de surgimento desses direitos plasmaram determinadas formas de efetivação (por ação ou por omissão, por exemplo), que, embora estejam sujeitas a alterações, estabelecem modalidades específicas de operação e reinvindicação diante do Estado. Em termos concretos, é como se o direito à propriedade, da forma que foi imaginado no início da modernidade, convivesse intacto com o direito à educação, desenvolvido durante o século XX e com o direito ao meio ambiente, típico das últimas décadas. "Estas propostas metodológicas evidenciam a conveniência de manter um marco de simetria entre a evolução das três formas do Estado de Direito e as correlativas gerações de direitos, que correspondem a cada um desses marcos institucionais jurídico-políticos" (Luno, 2013, p. 170).

A progressão, portanto, é teleológica e incremental, presumindo que cada momento de "evolução" do Estado constitucional contribuiu com uma certa lógica de direitos peculiar, cujo cerne permaneceu intocado, com a inclusão apenas de uma nova geração ou dimensão em paralelo. Imageticamente, estaríamos diante de círculos concêntricos de direitos que vão se acumulando indefinidamente, sem que a estrutura de cada ciclo seja alterada de maneira profunda com a adesão de uma nova camada — ou, nas palavras de Ingo Sarlet, trata-se de uma teoria que aponta para um "caráter cumulativo do processo evolutivo e para a natureza complementar de todos os direitos fundamentais" (Sarlet, 2021, p. 46).

Ao partir dessa premissa, a narrativa geracional sofre limitações muito graves quanto aos dois objetivos a que nos propusemos no presente texto, quais sejam: (i) produzir um diagnóstico sistêmico das transformações de um regime constitucional (Vermeule, 2011); (ii) tentar apontar prováveis caminhos para o futuro. Na medida em que todo o processo é incremental, uma geração ou dimensão se soma a outra e a dinâmica de acréscimo tem muito pouco a dizer sobre transformações no Estado e tendências futuras. A questão se torna tentar adivinhar qual será a próxima geração de direitos e seus contornos (o que acaba sendo o foco exclusivo do debate para adeptos da teoria geracional e sua dúvida sobre em qual geração estamos). Nessa linha, por exemplo, um grande foco de debate contemporâneo diz respeito à inclusão dos direitos digitais no receituário do constitucionalismo contemporâneo (Reis; Keller, 2022).

Como alternativa a essa visão hegemônica no direito constitucional e à adoção de uma análise pontual de transformações em determinados direitos, o próximo tópico elaborará o conceito de ciclos constitucionais. A partir dele, pretende-se explicar sistemicamente como os regimes constitucionais se transformam e se é possível vislumbrar tendências para o futuro.

OS CICLOS CONSTITUCIONAIS

Noções cronológicas cíclicas não são inéditas no pensamento político — embora tenham se tornado inusuais na modernidade devido a adoção de uma concepção cronológica progressiva e teleológica (Rosa, 2019).

Na tradição ocidental, a ideia de anaciclose e dos ciclos dos regimes políticos, por exemplo, foi fundamental para estabelecer o modelo das constituições mistas fundadas em uma divisão estamental de poder (Ryan, 2012). Mais tarde, Maquiavel enxergará no processo cíclico de conflito (os tumultos) entre a elite e o povo o motor da liberdade em uma república. No âmbito constitucional, tal concepção tampouco é nova (Pedullaà, 2018). Apenas a título ilustrativo, Carl Schmitt defenderá uma perspectiva do poder constituinte em movimento (Schmitt, 2011; Kalyvas, 2000), Bruce Ackerman, uma teoria de momentos políticos extraordinários e comuns (Ackerman, 1993) e Jack Balkin, a ideia de ciclos de tempo constitucional (Balkin, 2020). Tais visões cíclicas, entretanto, buscam explicar as mudanças em regimes constitucionais à luz de características endógenas de cada comunidade política — o que, por si só, limita o poder descritivo dessas teorias em uma modernidade cada vez mais conectada.

Nesse contexto, a ideia de ciclos constitucionais diz respeito ao processo permanente de transformação que regimes constitucionais sofreram desde a sua inauguração na modernidade. Aqui, o apelo à noção de ciclo tem a pretensão de, ao menos, demarcar três premissas: (i) não existe nada de teleológico na construção dos regimes constitucionais; (ii) o processo de significação de regimes constitucionais é permanente; e, finalmente, (iii) há um conjunto de problemas de nível global que são respondidos distintamente em nível local por cada um dos Estados, sendo esse um elemento definidor da modernidade constitucional.

O terceiro elemento, aliás, é algo que distingue a leitura aqui promovida de outras teorias cíclicas, como as de Schmitt, Ackerman e Balkin — como já demarcado anteriormente. Minha proposta não é fundada em uma análise puramente doméstica do impacto das disputas de poder para a construção de regimes constitucionais. A meu ver, o que caracteriza o constitucionalismo, enquanto fenômeno da modernidade, é sua natureza simultaneamente local e global (Teubner, 2020; Neves, 2013), que deve ser compreendida à luz de transformações estruturais em níveis econômico, político, sociológico e tecnológico.

Para os fins deste capítulo, conceitualmente, ciclos constitucionais podem ser descritos, ao menos provisoriamente, como processos, com propriedades globais e locais, que produzem alterações nas dimensões de direitos e institucional de um regime constitucional de natureza interdependente e com caráter qualitativo e quantitativo.

A existência de uma dimensão global dos ciclos constitucionais pode ser justificada por elementos que dizem respeito, de um lado, a questões estruturais da própria modernidade e, de outro, à ascensão cada vez mais intensa de uma metodologia menos paroquial e mais cosmopolita de fundamentação e aplicação dos direitos (Kumm, 2013). Em outras palavras, no que tange ao primeiro elemento, um dos efeitos do avanço da modernidade é a redução das distâncias entre os Estados e a apresentação de problemas de natureza comum em nível cada vez maior. Ilustrativamente, o desafio da pandemia de COVID-19 e a necessidade de uma resposta comum representaram uma radicalização de um processo mais amplo de natureza econômica, política e social — que começa a se apresentar desde o início do período moderno (Domingues, 2024a).

Três outros exemplos contemporâneos importantes são os da crise ambiental e climática, o do agravamento da concentração de renda e da desigualdade e o das novas tecnologias e seu impacto nas relações sociais, políticas e laborais. Embora tais questões se apresentem como problemas peculiares para cada um dos Estados, todos eles exigem articulação de respostas comuns, sob pena de serem insuficientes ou até criarem cenários piores, caso adotadas em nível unicamente local.

No que se refere ao segundo elemento, uma complexificação do sistema das fontes e das autoridades responsáveis por aplicar direitos, além de ocasionar um cenário de intenso contato entre culturas jurídicas (que não pode ser confundido com um diálogo igualitário), teve por consequência o fornecimento de um arsenal comum de respostas para problemas compartilhados. Nesse cenário, não é incomum que jurisdições de Estados partilhem soluções jurídicas para problemas comuns (Neves, 2013). Esse aprendizado, evidentemente, será influenciado pela posição política, social e econômica de cada Estado em determinado momento histórico (Neves, 2018; Gomes, 2020). Dessa forma, países do centro global terão maior influência no arsenal comum do constitucionalismo e países em momentos políticos semelhantes tenderão a levar em conta os aprendizados institucionais um dos outros, como apontarei adiante.

Por exemplo, países dominados por movimentos políticos de extrema-direita poderão aprender uns com os outros diferentes estratégias jurídicas para a erosão da democracia (Palma, 2021). De forma similar, países que tenham vencido contingencialmente processos de erosão, tenderão a buscar as respostas mais bem-sucedidas para o problema e aplicá-las, à luz de suas próprias realidades e limitações individuais. Nesse contexto, Estados assimilam entre si elementos como organização burocrática, direitos fundamentais e técnicas para aplicação do direito. Novamente, as várias estratégias utilizadas durante o período pandêmico para solucionar o problema foram fruto de aprendizados recíprocos e de análises sobre quais estratégias foram bem-sucedidas ou não para produzir determinados resultados. Em contextos mais autoritários ou de menor apego ao ideal liberal, o instrumental da vigilância e de esvaziamento das liberdades individuais foi utilizado. Em contextos mais liberais, por sua vez, criou-se uma busca por formas de acomodar a proteção da saúde coletiva com a manutenção das mesmas liberdades.

A dimensão local, por sua vez, diz respeito à forma como diferentes Estados respondem a esses problemas comuns. Diversos fatores vão influenciar a resposta a um conjunto de questões compartilhadas. Para ilustrar, podemos mencionar as questões colocadas pelo advento do Estado social que terá respostas absolutamente diferentes, a depender do Estado a que nos referimos. Nos Estados Unidos, o experimento do New Deal, por via democrática e sem alterações formais na Constituição. No Brasil, o Estado social varguista, de viés autoritário. Na Europa, antes da guerra, um modelo fascista e após a guerra, um modelo democrático e, geralmente, constitucionalizado de direitos sociais. Três modelos com diferenças nítidas para a solução de um mesmo conjunto de questões.

Inúmeros fatores justificam essas diferentes respostas. Ao menos dois deles parecem centrais para descrever o desdobramento de um ciclo constitucional em determinada realidade local. Em primeiro plano, o papel que determinado país ocupa na organização geopolítica mundial é fundamental para explicar a forma como ele irá estruturar seus direitos. Estados no centro do capitalismo e Estados na periferia do capitalismo terão repertórios, instrumentos e contextos distintos para lidar com certos conjuntos de questões (Neves, 2018; Gomes, 2020). Em segundo plano, as questões endógenas de política interna de cada Estado — as tradições constitucionais, a dinâmica política, o acúmulo histórico — são fundamentais para compreender o tipo e o tempo de resposta possível — o que a literatura institucionalista já chamou de *path-dependence* (Prado; Trebilcock, 2009).

A opção, por exemplo, por alterar formalmente a Constituição é algo que depende de condições profundamente locais como: (i) o grau de rigidez do texto constitucional; (ii) a cultura de emendamento; (iii) o nível de polarização do sistema político. O processo de acomodação entre ciclos constitucionais, dentro de uma ordem doméstica, distintos produzirá aquilo que Bruce Ackerman chamou de síntese constitucional (Ackerman, 2014). Tal síntese entre arranjos e leituras diferentes de cada um dos ciclos é um elemento para que, em nível local, o grau de diferença entre todos os Estados continue existindo, embora haja uma tendência cada vez maior de convergência nas questões colocadas. Em outras palavras, a convergência de problemas e respostas diante de um cenário de acúmulo de diferenças locais são elementos caracterizados da modernidade constitucional.

Os ciclos, além disso, promovem alterações em dois níveis. Em um primeiro nível, de direitos, há uma alteração no conjunto de condições que são reconhecidas como fundamentais por determinada comunidade estatal para uma vida política emancipada. Novos ciclos, portanto, promoverão alterações no elenco dos direitos fundamentais de dado regime. Apenas para ilustrar, o surgimento do Estado Social traz consigo uma série de novos direitos — como saúde, educação ou previdência

— que passam a ser considerados condições para uma vida emancipada.

Em um segundo nível, que chamo de institucional, há a criação ou destruição de instituições e um rearranjo do equilíbrio entre as instituições que permanecem. Usando o mesmo exemplo anterior, o reconhecimento de novos direitos sociais exigirá a criação de novas instituições e um reequilíbrio entre as instituições existentes para concretizá-los (Ansell; Lindvall, 2021). A título de ilustração, com o reconhecimento de um direito à previdência, surge a necessidade de uma estrutura burocrática apta a torná-lo realidade. Como consequência, produz-se um rearranjo na relação entre o Executivo, o Legislativo e o Judiciário com um acúmulo de maiores funções e capacidades tendencialmente no primeiro.

Nesse sentido, é importante ressaltar o grau de interdependência entre as duas dimensões. Os arranjos institucionais condicionam e são condicionados pelos direitos reconhecidos no regime constitucional, sendo impossível compreender um sem compreender o outro. O surgimento de novos ciclos constitucionais e seu funcionamento em um regime concreto será definido pela articulação entre essas duas dimensões. Em síntese, a pergunta sobre quais direitos caracterizaram determinado ciclo deve estar sempre associada com a pergunta sobre como tais direitos serão efetivados pelas instituições estatais.

Tal percepção, aliás, é o fundamento para que Gargarella alegue existir, no constitucionalismo latino-americano, um descompasso permanente entre as declarações de direitos e a sala de máquinas constitucional, cujo resultado é que "o poder concentrado entra fácil e presumivelmente em tensão com as demandas sociais por mais direitos, o que implica que uma parte da Constituição começa a trabalhar contra o êxito da segunda" (Gargarellla, 2016, p. 7). Embora tal diagnóstico esteja fundado no paradigma catastrófico da literatura da "transitologia" dos anos 80 sobre os riscos do presidencialismo para a redemocratização, sem apontar saídas institucionais para os problemas que aponta, sua premissa é verdadeira. Existe uma conexão inescapável entre as formas institucionais e a concepção de liberdade e igualdade que lhes são subjacentes.

Com relação à natureza quantitativa, é importante ressaltar que os ciclos, ao serem internalizados, produzem mudanças no catálogo de direitos e no elenco de instituições. Desse modo, a internalização de ciclos fará com quem novos direitos nasçam e velhos direitos morram em sincronia com um conjunto de instituições que lhes são necessárias. A mudança do ciclo social para o neoliberal, por exemplo, representou a destruição de alguns direitos e das instituições responsáveis por implementá-los. Antes disso, o surgimento de um ciclo social, gerou uma série de direitos e de instituições aptas a concretizá-los.

Com relação à natureza qualitativa, ainda, os ciclos promovem mudanças na maneira como os direitos e as instituições existentes são lidas. Ou seja, o direito à liberdade não terá o mesmo significado no ciclo social e no neoliberal. A distância entre dispositivo, enquanto texto, e norma, como texto interpretado, faz com que cada um dos ciclos promova diferentes interpretações daquilo que permanece do ciclo anterior. Da mesma forma, o equilíbrio entre os poderes e o papel de cada uma das instituições sofrerão alterações de cunho interpretativo. Por consequência, ainda que as mesmas instituições continuem existindo, sua margem de atuação legítima, necessariamente, será alterada. Metaforicamente, cada ciclo produz, quando inserido no contexto local, lentes que alteram definitivamente a forma como o regime constitucional é lido. Essa mudança pode ser acompanhada por uma alteração no texto codificado da Constituição ou não.

No âmbito dos direitos, é importante ressaltar, as mudanças de leitura podem ser associadas com uma mudança na ênfase da funcionalidade que é associada a determinado direito. Historicamente, desde Jellinek e Hohfeld (Domingues, 2024b), a teoria dos direitos fundamentais buscará explicar como determinados direitos colocam os sujeitos em condição de cobrar certas condutas por parte do Estado — que podem ser omissivas ou comissivas (Alexy, 2011). É dizer: um mesmo direito terá diferentes aspectos de seu âmbito de aplicação enfatizados ou apagados a depender das características do ciclo.

No ciclo liberal, teremos uma leitura da igualdade em sua funcionalidade não-interventiva (de direito de defesa) — o Estado deve evitar promover distinções entre os indivíduos concretos. No ciclo social, surge uma leitura da igualdade promovendo um feixe de prestações positivas — passa ser uma obrigação estatal promover políticas aptas a produzir maior igualdade material. Até que, finalmente, no ciclo neoliberal, retorna-se a um modelo de igualdade enxergada como direito de defesa e de proteção contra as intervenções do Estado (Brown, 2019). Qualitativamente, portanto, o mesmo texto, a depender do ciclo em que esteja, enseja diferentes leituras sobre as consequências normativas que são demandáveis do Estado.

Descritos os termos gerais de uma teoria dos ciclos constitucionais, é possível afirmar que ela tem maior capacidade descritiva e preditiva que outras perspectivas que se debruçam sobre o mesmo problema. No próximo e último tópico, o objetivo será dar maior densidade histórica à teoria, ilustrando brevemente os elementos gerais de cada um dos ciclos. Finalmente, tentarei apontar os elementos de esgotamento do ciclo atual — de cunho neoliberal — e seus possíveis desdobramentos.

OS CICLOS LIBERAL, SOCIAL E NEOLIBERAL E OS POSSÍVEIS CAMINHOS PARA O FUTURO

Em linhas gerais, o ciclo constitucional liberal no âmbito dos direitos pode ser caracterizado por uma estrutura institucional altamente centrada no Legislativo, com um modelo de direitos fundado exclusivamente no indivíduo, compreendido de forma puramente abstrata. Ao contrário do que propõe a teoria das gerações, no entanto, os direitos individuais são garantidos por um conjunto de funções por parte do Estado, que envolvem, evidentemente, a abstenção, mas também a atuação direta de um Estado forte em determinados campos da vida. As estruturas repressivas de polícia, por exemplo, são elementos centrais do ciclo liberal para garantia da propriedade e são fruto direto da atuação positiva.

O ciclo constitucional social será marcado por uma estrutura institucional de ascensão do Poder Executivo e de complexificação de sua atuação. O reconhecimento de novos direitos exigirá todo um novo aparato institucional, uma mudança na leitura dos direitos anteriormente reconhecidos e um rearranjo na relação entre os três Poderes clássicos. Nesse contexto, a burocracia ganhará outras dimensões, recebendo enorme responsabilidade como fiadora de um conjunto mais robusto de direitos. Além disso, do ponto de vista econômico, o ciclo social representará uma fase de intensa intervenção estatal, seja pela via regulatória, seja pela via da participação direta.

Por fim, o último ciclo, que podemos caracterizar de neoliberal (Chamayou, 2020), é marcado por: (i) um retorno ao ideal abstrato de direitos individuais, com o consequente apagamento ou desnaturação de direitos sociais e destruição de instituições responsáveis por implementá-los (Honig, 2017; Brown, 2019); (ii) pela redução do papel do Estado no domínio econômico, com a privatização de serviços públicos, a constitucionalização do controle de gastos públicos e da redução do déficit fiscal (Streeck, 2013); e, por fim, (iii) um deslocamento de poder em direção ao Judiciário e aos órgãos técnicos, com uma legitimação política fundada em argumentos morais ou econômicos.

Aliás, com relação ao último ponto, é profundamente sintomático que durante o ciclo neoliberal tenhamos vivido, na dogmática constitucional, a ascensão de um "neoconstitucionalismo". Embora seja uma categoria de difícil definição, na linha do que propõe Prieto Sanchis, pode ter como caracterização básica seis elementos: (i) a força normativa ou vinculante da Constituição; (ii) a supremacia hierárquica dela em relação às demais normas; (iii) a possibilidade de sua aplicação direta; (iv) a garantia judicial; (v) a existência de um denso conteúdo normativo; e (vi) a rigidez constitucional (Sanchis, 2014). Do ponto de vista institucional, esse processo resultará em uma profunda transferência de poder ao Judiciário, cujo principal fundamento de legitimidade será a argumentação jurídica (Sanchis, 2014).

Em outras palavras: há um esvaziamento do poder decisório de instituições representativas, fundadas no voto, e uma ascensão de instituições cujo fundamento exclusivo é sua capacidade de argumentar para produzir a melhor decisão — seja em termos morais ou técnicos. Nesse processo, que ganhará força a partir dos anos 90 no mundo todo e no Brasil, Ran Hirschl enxergará o surgimento de uma "juristocracia".

Em tal arranjo institucional, o que existe é a tentativa de produzir uma "preservação hegemônica" de, basicamente, três grupos: (i) elites políticas ameaçadas que buscam preservar ou aumentar sua hegemonia política insulando processos de decisão política das vicissitudes democráticas; (ii) elites econômicas que enxergam a constitucionalização de certas liberdades econômicas como uma promoção da agenda neoliberal de mercados abertos, desregulação econômica, antiestatismo e anticoletivismo; (iii) elites judiciais e cortes nacionais de alto nível que buscam aumentar sua influência política e reputação internacional (Hirsch, 2004). O alinhamento dos interesses desses três grupos teria resultado em uma ascensão do Poder do Judiciário e em uma retórica de legitimação moral e técnica, dois elementos típicos do ciclo neoliberal. Em síntese, esse processo "acaba por conferir aos juízes uma espécie de poder constituinte permanente, pois lhes permite moldar a Constituição de acordo com as suas preferências políticas e valorativas, em detrimento daquelas do legislador eleito" (Sarmento, 2009, p. 107).

Nesse contexto, é possível encarar a defesa de uma legitimidade argumentativa, mais poderosa que a própria legitimidade eleitoral, como um mecanismo para aristocratização e oligarquização do poder (Carazza, 2024). Como sintetiza Jane Reis, "o uso da ideia de representação como um argumento de autolegitimação, que outorga *de per si* às decisões judiciais um pedigree democrático, opera o efeito inverso ao aparente; ao invés de tornar a jurisdição mais democrática e plural, torna-a mais aristocrática e ensimesmada" (Reis, 2014, p. 355). Se o voto e a vontade popular já não são elementos necessários para a legitimidade da tomada de decisão, é possível organizar formas de estruturação do poder que não dependam da aprovação das maiorias — ainda que a aferição dessas maiorias se dê em processos eleitorais capturados pelo dinheiro (Carazza, 2018).

Nessa linha, inclusive, é possível questionar em que medida a própria lógica da ponderação e da proporcionalidade — métodos por excelência para a resolução de conflitos entre direitos — não são um retrato desse processo de transição. Como propõe Koskenniemi, "para essa mentalidade, direitos e obrigações são regras de ouro ou presunções sujeitas ao ajuste com uma preocupação em alcançar resultados ótimos" (Koskenniemi, 2007, p. 14). Do ponto de vista geral, as técnicas de caráter ponderativo podem ser utilizadas de forma a reduzir os conflitos jurídicos relegando os direitos a questões de cunho individual, que devem ser resolvidas de forma ótima para todos os sujeitos envolvidos.

Para além da própria juristocracia, o surgimento de instituições burocráticas independentes e sem esteio no voto com capacidade de tomar decisões políticas relevantes, como o caso dos bancos centrais, é extremamente ilustrativa dessa forma de exercício do poder (Ackerman, 2000). Como consequência, "uma vasta porção das regras que os cidadãos ordinários estão sujeitos são escritas, implementadas e algumas vezes mesmo iniciadas por agentes não-eleitos" (Mounk, 2018). A consequência disso é uma ampliação do poder do dinheiro na definição de decisões públicas e uma captura permanente das instituições por quem o detém.

Na última década, entretanto, o ciclo neoliberal vem encontrando desafios para se sustentar. Em primeiro plano, há um processo intenso de desgaste de sua base de legitimidade técnica ou argumentativa, com o surgimento de movimentos cuja agenda questiona fortemente seu funcionamento. A deslegitimação do Poder Judiciário e de órgão tecnocráticos ao redor do mundo é emblemática desse processo. Em segundo plano, o crescimento exponencial da desigualdade e a dificuldade dos Estados de fornecer o mínimo de direitos por eles prometidos têm colocado em xeque toda a legitimidade do arranjo institucional vigente. Em terceiro e último plano, mudanças de cunho econômico, ambiental e tecnológico têm forçado o Estado a reforçar sua presença em determinados campos da vida econômica do qual havia se ausentado.

Esses três processos paralelos passaram a se reforçar mutuamente e no período pandêmico foram intensificados — deixando em aberto qual configuração será hegemônica no mundo pós-pandêmico. Como sintetiza Gerbaudo, "a crise do coronavírus marca um ponto de virada no declínio da globalização neoliberal que tem consequências importantes para a política e a ideologia contemporâneas" (Gerbaudo, 2022).

Em termos constitucionais, o Brasil viveu o processo de internalização do ciclo neoliberal de forma muito particular. A absorção local do ciclo neoliberal global ocorreu por um caminho lento e peculiar. Por fatores próprios da conjuntura brasileira, a Constituição de 1988, fruto do processo de redemocratização, surge como um documento repleto de compromissos com um Estado Social. A tal ponto que, em 1988, Roberto Campos, constituinte e expoente do pensamento neoliberal no Brasil, dirá que: "[n]ada mais melancólico do que se ver uma Constituição nascer obsoleta [...]. A onda neoliberal que varre o mundo não se espraiou ainda pelo Brasil". (Campos, 2018).

Nesse contexto, nos anos seguintes à promulgação da Constituição, a onda neoliberal se espraiará por vias oblíquas, quais sejam: (i) mudanças interpretativas geradas por decisões judiciais e pela edição de normas infraconstitucionais; (ii) reformas pontuais e incrementais do texto da Constituição; e, por fim, (iii) uma ascensão tardia e gradual do Poder Judiciário e de órgãos tecnocráticos. Em nossa dinâmica constitucional, o processo de incorporação normativa do neoliberalismo se alternou entre momentos de avanço com grandes mudanças e reformas (como os governos Collor, FHC, Temer e Bolsonaro) e momentos de contenção (como os governos Itamar, Lula e Dilma), em que as agendas neoliberais aprovadas são mais pontuais e consideradas pressões inescapáveis da lógica do mercado. Dessa maneira, no âmbito da Constituição de 1988, passaram a conviver estruturas tanto do Estado Social quanto do Estado Neoliberal.

Ainda que não seja possível aprofundar na questão, acredito que, do ponto de vista constitucional, a ascensão do bolsonarismo pode ser associada com esse processo ambíguo, que dificultou ainda mais que a

Constituição de 1988 exercesse o papel promissório que legitimou seu surgimento (Nunes, 2022). Paradoxalmente, entretanto, a agenda do bolsonarismo, fundada na falha da promessa constitucional e na crise de legitimidade do próprio ciclo neoliberal, apontava como resposta o aprofundamento do neoliberalismo e a destruição dos resquícios de Estado social ainda existentes. Embora, em uma tentativa de síntese, Paolo Gerbaudo tenha afirmado que "o populismo é a sociedade neoliberal recolhendo-se para si" (Gerbaudo, 2022, p. 67), no caso do bolsonarismo, permaneceu uma agenda de direitos e institucional ligada ao neoliberalismo. Se houve um ponto de ruptura, foi apenas com a legitimação da juristocracia, de modo que poderíamos sintetizá-lo como uma espécie de "neoliberalismo hiper-reacionário", para usar a conceituação de Nancy Fraser (2020).

Com a derrota de Bolsonaro, entretanto, o neoliberalismo hiper-reacionário sofreu uma contenção. No entanto, isso não representa necessariamente a adoção de um neoestatismo pelo governo Lula. Fatores variados que envolvem desde a composição do Legislativo, os conflitos entre os Poderes e a própria coalizão política de sustentação governamental parecem levar muito mais a um cenário de "jogo parado", do que a mudanças efetivamente profundas no regime constitucional brasileiro.

Na fase atual, pelo menos, três grandes conjuntos de problemas se apresentam como determinantes do novo ciclo constitucional.[1] Em primeiro lugar, aparece a questão das novas tecnologias que enseja debates sobre o papel do Estado em sua promoção, adoção e regulação bem como as mudanças nas estratégias e estruturas de proteção aos direitos. Nesse campo, as respostas que serão dadas em nível local envolvem praticamente todas as áreas da atuação do Estado. No âmbito dos direitos fundamentais, novos direitos aparecem (como o de proteção dos dados pessoais,

1 Em linha similar, mas sem tratar da questão da desigualdade, ver Barroso, 2019.

incluído na Constituição em 2022) e velhos direitos, como os da personalidade, os trabalhistas e os políticos, exigem uma releitura à luz de um contexto absolutamente diferente do tradicional (Ranchordas, 2023). No campo das questões endógenas ao Estado, amplos debates jurídicos sobre a adoção de tecnologias pelo Poder Público deverão ser travados com impactos na atualização dos princípios da Administração Pública (Coglianese, 2021). Além disso, o papel do Estado como promotor do desenvolvimento tecnológico e de inserção da indústria nacional no novo cenário geopolítico é igualmente central. Por fim, elementos relativos à regulação das grandes companhias de tecnologia tendem a se tornar cada vez mais centrais e complexos (Khan, 2017).

Em segundo lugar, com igual relevância e urgência, surgem as questões relativas à mudança climática e à proteção do meio ambiente (Chakrabarty, 2009). Nessa esfera, igualmente, um número gigantesco de questões se coloca envolvendo diversos campos da atuação do Estado. Aspectos relativos à regulação de atividades econômicas, a promoção de uma transição energética e a promoção dos direitos fundamentais de grupos vulnerabilizados por crises ambientais — que existirão em cada vez maior número — estarão na ordem do dia do novo ciclo.

Por fim, em terceiro e último lugar, está a questão da desigualdade e da concentração de renda no mundo inteiro. Nesse ponto, igualmente, o que está em jogo é a forma como direitos sociais serão lidos, o papel do Estado, os graus aceitáveis de tributação e o tipo de prestação de serviços públicos. Do ponto de vista intelectual, uma preocupação comum a diversos autores ligados ao direito constitucional é o fato de que a exacerbação das condições de desigualdade e de concentração de renda, além de corroer a legitimidade dos regimes democráticos em nível macro, tem produzido subjetividades incompatíveis com uma vida democrática em comum no nível micro (Sitaraman, 2017; Fishkin; Forbath, 2022; Maués, 2023).

Como ponto comum que une esses três conjuntos de questões podemos mencionar a urgência, a interligação de todas as questões e a necessidade de respostas conjuntas. Se uma característica em geral da modernidade constitucional é a existência de problemas comuns que devem ser resolvidos pelas diferentes comunidades políticas, no caso do novo ciclo, isso é ainda mais exacerbado por um elevado grau de interdependência para resposta aos problemas.

Diante desse conjunto de problemas, dois tipos ideais de resposta parecem possíveis. De um lado, um aprofundamento do neoliberalismo, com maior desregulamentação, redução do papel do Estado e das burocracias e afirmação de um ideal de sujeito de direitos totalmente abstrato e individualizado. De outro, uma mudança para um neoestatismo com regulamentação de atividades econômicas, ampliação do papel do Estado e releitura dos direitos à luz do contexto concreto imposto pelos três conjuntos de problemas descritos. O segundo tipo ideal parece mais próximo do tipo de ciclo que se anuncia, diante da gravidade e da urgência dos desafios no horizonte. A despeito disso, não é impossível que, diante das circunstâncias fáticas, haja uma resposta que misture os dois tipos, com maior intervenção do Estado em diversos campos da vida em colaboração intensa com agentes privados e a permanência de uma concepção de direitos e cidadania hiperindividualizada.

Nesse cenário, como foi descrito, a posição que o Brasil irá assumir no novo ciclo não está claramente definida. Por um lado, os problemas apresentados são especialmente urgentes em nossa realidade doméstica. Por outro, entretanto, as condições políticas nacionais não acenam para a adoção de uma agenda radical de transformações e de redesenho da ordem constitucional. De certa forma, o risco maior é que nos delonguemos em um interregno constitucional longo com respostas pontuais para os problemas mais urgentes, mas sem uma agenda de longo prazo que envolva o redesenho da lógica dos direitos e um rearranjo institucional.

REFERÊNCIAS

ACKERMAN, B. "The new separation of powers". *In*: *Harvard law review,* vol. 113, 2000: 633-725.

ACKERMAN, B. *We The People*: Foundations, vol. 1. Cambridge: The Belknap Press of Harvard University Press, 1993.

ACKERMAN, B. *We The People*: The Civil Rights Revolution, vol. 3. Cambridge and London: The Belknap Press of Harvard University Press, 2014.

ALEXY, R. *Teoria dos Direitos Fundamentais*. 2a ed. São Paulo: Malheiros Editores, 2011.

ANSELL, B. W.; LINDVALL, J. *Inward Conquest:* the political origins of Modern Public Services. Cambridge: Cambridge University Press, 2021.

BALKIN, J. *The Cycles of Constitutional Time.* Nova York: Oxford University Press, 2020.

BARROSO, L. R. "Revolução tecnológica, crise da democracia e mudança climática: limites do direito num mundo em transformação". *In*: *Revista de Estudos Institucionais,* vol. 5, 2019: 1263-1313.

BENISH, A.; LEVI-FAUR, D. "The expansion of regulation in welfare governance". *In*: *The Annals of the American Academy*, vol. 691, 2020: 17-29.

BONAVIDES, P. *Curso de Direito Constitucional*. 35ª ed. São Paulo: Malheiros, 2020.

BONAVIDES, P. *Do Estado Liberal ao Estado Social.* 11ª ed. São Paulo: Malheiros, 2013.

BROWN, W. *In the Ruins of Neoliberalism*: The Rise of the Antidemocratic

Politics in the West. Nova York: Columbia University Press, 2017.

CAMPOS, R. *A Constituição contra o Brasil*: ensaios de Roberto Campos sobre a constituinte e a Constituição de 1988. ALMEIDA, Paulo Roberto (Org.). São Paulo: LVM Editora, 2018.

CARAZZA, B. *Dinheiro, eleições e poder*: as engrenagens do sistema político brasileiro. São Paulo: Companhia das Letras, 2018.

CARAZZA, B. *O país dos privilégios, volume 1*: os novos e velhos donos do poder. São Paulo: Companhia das Letras, 2024.

CARVALHO, J. M. *Cidadania no Brasil*: o longo caminho. Rio de Janeiro: Civilização Brasileira, 2015.

CHAKRABARTY, D. "The climate of history: four theses". *In*: *Critical Inquiry*, vol. 35, 2009: 197-222.

CHAMAYOU, G. *A sociedade ingovernável*: uma genealogia do liberalismo Autoritário. São Paulo: Ubu Editora, 2020.

COGLIANESE, C. "Administrative law in the automated state". *In*: *Daedalus*, vol. 150, 2021: 104-120.

DIMOULIS, D.; MARTINS, L. *Teoria geral dos direitos fundamentais*. 5ª ed. São Paulo: Atlas, 2014.

DOMINGUES, J. M. *Da pandemia à mudança climática*. Rio de Janeiro: Mórula, 2024.

DOMINGUES, J. M. *Political Modernity and Social Theory*: Origins, Development and Alternatives. Nova York: Routledge, 2024.

DURANT, C. "The end of financial hegemony". *In*: *New Left Review*, no. 138, 2022: 39-55

FISHKIN, J.; FORBATH, W. *Anti-Oligarchy Constitution*: Reconstructing the Economic Foundations of American Democracy. Cambridge, MA: Harvard University Press, 2022.

FRASER, N. *O velho está morrendo e o novo não pode nascer.* São Paulo: Autonomia Literária, 2020.

GARGARELLA, R. *La sala de máquinas de la Constitución*: dos siglos de constitucionalismo en América Latina (1810-2010). Buenos Aires: Katz, 2016.

GERBAUDO, P. *O Grande Recuo*: a política pós-populismo e pós-pandemia. São Paulo: Todavia, 2023.

GOMES, D. F. L. "Constitucionalismo e dependência: em direção a uma Teoria da Constituição como Teoria da Sociedade". *In*: CUNHA, J. R. (Org.). *Teorias eríticas e críticas ao direito.* Rio de Janeiro: Lumen Juris, 2020.

GRIFFIN, J. *On Human Rights.* Oxford: Oxford University Press, 2008.

HIRSCHL, R. *Towards Juristocracy*: the Origins and Consequences of the New Constitutionalism. Cambridge, MA: Harvard University Press, 2007.

HOLMES, S.; SUNSTEIN, C. R. *O custo dos direitos.* São Paulo: WMF Martins Fontes, 2019.

HONIG, B. *Public Things.* Nova York: Fordham University Press, 2017.

KALYVAS, A. "Carl Schmitt and the Three Moments of Democracy". *In*: *Cardozo Law Review*, vol. 21, 2000: 1525–1595.

KHAN, L. M. "Amazon antitrust paradox". *In*: *The Yale Law Journal*, vol. 176, 2017: 710-805.

KOSKENNIEMI, M. "The fate of public international law: between technique and politics". *In*: *The Modern Law Review*, 2007: 1-30.

KUMM, M. "The cosmopolitan turn in Constitutionalism: an integrated conception of public law". *In*: *Indiana Journal of Global Legal Studies*, vol. 20, 2013: 605-628.

LUNO, A. E. P. "Las generaciones de derechos humanos". *In*: *Revista Direitos Emergentes na Sociedade Global*. vol. 2, 2013: 163-169.

MAUÉS, A. M. *O desenho constitucional da desigualdade*. São Paulo: Tirant lo Blanch, 2023.

MOUNK, Y. *The People Vs. Democracy*: Why our Freedom is in Danger and How to Save it. Cambridge: Harvard University Press, 2018.

NEVES, M. *Constituição e direito na modernidade periférica*: uma abordagem teórica e uma interpretação do caso brasileiro. São Paulo: WMF Martins Fontes, 2018.

NEVES, M. *Transconstitucionalismo*. São Paulo: WMF Martins Fontes, 2013.

NUNES, D. C. *Promessa constitucional e crise democrática*: o populismo autoritário na Constituição de 1988. Tese de Doutorado em Direito — Universidade do Estado do Rio de Janeiro, 2022.

PALMA, M. "Trans-anticonstitutionalism". *In*: BRITO, M. N.; CALABRIA, C.; ALMEIDA, F. P. L. *Law as Passion:* Systems Theory and Constitutional Theory in Peripheral Modernity. Cham: Springer, 2021.

PEDULLÀ, G. *Machiavelli in Tumult*: The Discourses on Livy and the Origins of Political Conflictualism. Cambridge: Cambridge University Press, 2018.

PEREIRA, J. R. G. "Representação democrática do Judiciário: reflexões preliminares sobre riscos e dilemas de uma ideia em ascensão". *In*: *Revista Juris Poesis*, vol. 1, 2014: 343-359.

PEREIRA, J. R. G.; KELLER, C. I. "Constitucionalismo Digital: contradições de um conceito impreciso". *In*: *Revista Direito e Práxis*, vol. 13, 2022: 2648-2689.

PRADO, M. M.; TREBILCOCK, M. J. "Path dependence, development, and the dynamics of institutional reform". *In*: *University of Toronto Law Journal,* Legal Studies Research Series, 2009), no. 09-04.

PIOVESAN, F. *Direitos humanos e o direito constitucional internacional*. 7ª edição. São Paulo: Saraiva, 2006.

RANCHORDAS, S. "The invisible Citizen in the digital state: administrative law meets digital constitutionalism". *In*: DE POORTER, J.; OIRSOUW, C.; VAN DER SCHYFF, G. (Orgs.). *European Yearbook of Constitutional Law*. The Hague: T.M.C. Asser Press, 2023.

ROSA, H. *Aceleração*: a transformação das estruturas temporais da modernidade. São Paulo: Editora UNESP, 2019.

RYAN, A. *On Politics*: A History of Political Thought: From Heredotus to the Present. Nova York: Liveright, 2012.

SANCHÍS, L. P. *Justicia constitucional y derechos fundamentales*. Madri: Trotta, 2014.

SARLET, I. W.. "Mark Tushnet e as assim chamadas dimensões ("gerações") dos direitos humanos e fundamentais: breves notas". *In*: *Revista de Estudos Institucionais*, vol. 2, 2016: 498-516.

SARLET, I. *A eficácia horizontal dos direitos fundamentais*: uma teoria geral dos direitos fundamentais na perspectiva constitucional. Porto Alegre: Livraria do Advogado Editora, 2021.

SARMENTO, D. "O Neoconstitucionalismo no Brasil: riscos e possibilidades". *In*: *Revista Brasileira de Estudos Constitucionais*, vol. 9, 2009: 95-133.

SCHMITT, C. *Teoría de la Constitución*. Madri: Alianza Editorial, 2011.

SILVA, V. A. da. *Direito constitucional brasileiro*. São Paulo: Editora Universidade de São Paulo, 2021.

SITARAMAN, G. *The Crisis of the Middle-Class Constitution*: Why Economic Inequality Threatens our Republic. Nova York: Alfred A. Knopf, 2017.

STREECK, W. *Buying Time*: The Delayed Crisis of Democratic Capitalism. 2a ed. Londres: Verso, 2017.

VASAK, K. “Revisiter la troisième génération des Droits de L’Homme avant leur codification”. *In*: *Liber Amicorum Hector Gros Espiell*, Bruxelas: Bruylant, 1997: 1649-1679.

VERMEULE, A. *The System of the Constitution*. Oxford: Oxford University Press, 2011.

COMPLICAÇÕES DA DEMOCRACIA NO SÉCULO XXI

Cicero Araujo

Boa parte do que segue é a retomada de um texto que escrevi para um curso promovido pela FGV-RJ, que deverá ser publicado em breve. Mas aqui resolvi deixar algumas passagens de lado e me alongar um pouco mais em outras, animado pelo debate que tivemos no seminário do IESP/UERJ que suscitou o presente capítulo.[1]

Proponho-me a falar sobre a crise das democracias no século XXI, abordando-a na forma de uma sequência de complicações, conforme tento ampliar o escopo da análise.

Suponho que haja um consenso entre nós de que o maior obstáculo posto às democracias no curto prazo é derrotar as correntes de extrema-direita autoritária que as ameaçam. Enquanto isso não acontecer, nosso futuro político continuará pendente — e é essa indecisão, junto com o senso de urgência em resolvê-la, que informa nossa percepção da gravidade da crise. Mas aí nos damos com a primeira complicação: e se esse desafio imediato não for separável de outros desafios, eventualmente mais difíceis de resolver e de mais longo prazo? A pergunta me parece inescapável e remete ao fato de que o surgimento dessa extrema

---

1 Agradeço aos organizadores, em especial ao professor José Maurício Domingues, pelo convite ao Seminário "Reconfiguração da Modernidade Brasileira", realizado no IESP-UERJ em abril de 2024. Agradeço também ao professor Guilherme Leite Gonçalves pelos excelentes comentários na mesa de debate.

direita não foi um raio em céu azul, sendo provavelmente o resultado de um incômodo anterior com o desempenho dos regimes democráticos. Um processo acumulado durante anos, embora em silêncio na maior parte do tempo, mas que agora eclode como uma espécie de revolta do eleitorado.

Digo isso porque não poucas análises têm desprezado não só a gravidade, mas a profundidade do problema, como se tão logo fôssemos capazes de afastar o ruído autoritário que nos incomoda, deixando todo o resto como estava antes, a política democrática retomaria sua normalidade. Precisamente essas análises têm hesitado, ou mesmo rejeitado, a ideia de que vivemos uma crise no sentido grave e profundo que estou sugerindo aqui. Pareceria tratar-se, ao contrário, de uma turbulência temporária que pegou de surpresa os sistemas partidários que estruturam a competição política. Mas como as democracias, especialmente as de mais longa experiência, possuem molejos apropriados, conjugando o voto popular com instituições liberais, contramajoritárias, isso que agora é uma tendência antissistêmica será, no devido tempo, absorvido pelo próprio sistema político.[2]

Discordo dessa hipótese, está claro, mas reconheço sua força persuasiva. Basta acompanhar os fatos para senti-la: aqui mesmo no Brasil vemos os governantes locais e estaduais, que devem sua eleição ao ex-presidente Jair Bolsonaro — como é o caso do governador de São Paulo —, dançar conforme a música do jogo federativo, a fim de lidar com os problemas cotidianos e mais comezinhos da administração pública. Condutas semelhantes podem ser observadas em outros países, a exemplo da primeira-ministra italiana, Georgia Meloni, líder de um agrupamento chamado Fratelli di Italia, cujo nome já diz tudo sobre seu caráter protofascista. Eis que a senhora Meloni, projetada ao leme do Estado italiano graças, entre outros, a um discurso chauvinista e

---

2 Para um argumento muito bem elaborado em defesa dessa tese, ver o livro recentemente publicado por Melo e Pereira (2024).

anti-União Europeia, faz agora um jogo de vai-e-vem com a atual chefe da burocracia de Bruxelas, Ursula von der Leyen, uma figura oriunda da direita moderada.

Enfim, estou ciente da força do argumento, mas teimo em ver antes os sinais alarmantes do que os de acomodação. A notar como essas lideranças extremistas estão aprendendo muito rapidamente a jogar com as ambiguidades da própria política democrática. Ou melhor, a parasitar nessas ambiguidades, pois creio que visam não a se integrar ao jogo, mas a solapar as paredes constitucionais erguidas para resistir a surtos autoritários. Pois em vez de se chocaram de frente com essas paredes, fazem um movimento oblíquo, como que "tateando" as estruturas a fim de encontrar seus pontos mais frágeis. E para isso continuam a contar com o estado de baixa legitimidade dos regimes democráticos, que já lhes havia proporcionado seu progresso dentro do sistema político. É o que Adam Przeworski (2020) chamou de "subversão furtiva" (*subversion by stealth*).

Contudo, além de apreender o sentido de sua estratégia, surge o ainda mais difícil problema de como nomear essa nova vaga de extrema-direita. Esta é a *segunda* complicação de minha lista, embora só possa lhe fazer uma alusão aqui. Talvez ainda não tenhamos elementos suficientes para lhe dar um nome geral, uma vez que o discurso e a conduta variam consideravelmente de região para região. Mas alguns já enxergam elos com o passado fascista — por seu discurso violento e sua busca de bodes expiatórios para operar a exclusão social. São semelhanças inegáveis. Por outro lado, há traços que destoam do fascismo histórico: por exemplo, seu uso enfático da "liberdade" como palavra-de-ordem, para se contrapor às regulações estatais que as políticas neoliberais preservaram; por mais que haja um embuste nesse discurso, não encontramos ênfase similar nos grupos fascistas dos anos 1920 e 1930.[3]

3 Para uma rica discussão sobre as semelhanças e diferenças da extrema-direita contemporânea com o fascismo histórico, ver Traverso (2023).

Outros preferem ver no fenômeno atual uma patologia intrínseca das próprias democracias, e a isso chamam de "populismo". Este último seria o resultado da hipertrofia de um certo componente, dito "liberal", dos regimes contemporâneos.[4]

Não me sinto em condições de oferecer uma alternativa, mas deixo duas notas a respeito dessa complicação. Primeiro, que buscar uma resposta para ela é importante, não apenas porque é um desafio analítico esclarecedor, mas por já se tratar de um problema prático e político. Ao respondê-la, definimos o espectro e a amplitude do campo sociopolítico que o sustenta, assim como os modos de lidar com ele: o quão transigente ou intransigentemente deveríamos confrontá-lo e outras questões dessa ordem. Segundo, que a nomeação não pode ser abstraída de uma reflexão mais precisa sobre o contexto. Ainda que sejam impressionantes as semelhanças com o fascismo, ou plausível a ideia de que não estamos lidando com um fenômeno extrínseco à democracia, mas com uma patologia (o populismo) inerente a ela — o que não assumo, mas vá lá —, caberia perguntar por que essa onda de extrema-direita nos atinge de modo tão agudo agora e não em outros tempos; e com isso tentarmos dizer o que há de peculiar nesta quadra histórica.

O EPICENTRO DA CRISE ATUAL

Pois bem: o problema da especificidade do contexto é a nossa terceira complicação, e sobre essa eu gostaria de me alongar um pouco mais. A partir de quando e onde se pode afirmar que a crise em curso eclodiu? A que outros aspectos da vida social, além da política, poderíamos associá-la?

Penso que o ano de 2016 é um bom começo para nossa investigação. Por quê? Simplesmente porque é o ano em que todos os observadores da cena pública se deram conta de que havia um problema grave na

---

4 A melhor abordagem sobre o populismo que conheço é a de Rosanvallon (2021).

política democrática. Primeiro, a vitória do Brexit na Grã-Bretanha; e, poucos meses depois, a vitória de Donald Trump nas presidenciais norte-americanas. Como se viu em seguida, esses dois eventos tiveram um efeito desencadeador. A partir dali a crise se espalha para quase todas as democracias existentes. Enfim, essas coordenadas de tempo e lugar nos permitem falar de um "epicentro" da crise.

Contudo, além desse efeito de espalhamento, há outros bons motivos para que a opinião pública mundial tenha dado tanta atenção aos dois eventos. A começar por seu simbolismo: o choque atingiu os dois países que representam o berço da democracia moderna, e que jamais em sua história tiveram um líder extremista no leme do Estado, ou pelo menos alguém que significasse uma ameaça concreta de regressão autoritária. Não menos importante, o choque atingiu em cheio a maior potência estatal do planeta — e, portanto, seria de se esperar que produzisse, por si mesmo, efeitos igualmente planetários.

Mas há ainda uma outra novidade nessa história. É que pela primeira vez desde muito tempo testemunhamos uma espécie de sincronização da crise: há diversas crises da democracia — quase tão diversas quanto são os países democráticos — e, ao mesmo tempo, uma só crise. Vivenciamos os eventos em questão mais ou menos como se eles formassem um sistema de vasos comunicantes, um acontecimento reforçando o outro e assim sucessivamente. O que dá ensejo a falar de uma crise "global".

A sincronização subverte uma hierarquia bem estabelecida no interior do próprio mundo das democracias. Hierarquia que consiste no seguinte: desde o pós-guerra, enquanto começavam a se difundir pelo chamado Terceiro Mundo, nos acostumados a distinguir os regimes democráticos em dois blocos. O bloco dos países ricos e de capitalismo mais desenvolvido, no qual prevaleciam regimes democráticos avançados e de forte estabilidade — mais tarde chamados de "democracias consolidadas" —, praticamente livres de regressões autoritárias; e o bloco dos países pobres ou de capitalismo pouco desenvolvido — em sua maior parte oriundos do Terceiro Mundo —, no qual prevaleciam democracias precárias, instáveis e sujeitas a frequentes regressões autoritárias. O dado surpreendente dessa conjuntura é que a instabilidade está agora perturbando os dois blocos ao mesmo tempo, borrando aquela tradicional demarcação. Isso requer uma explicação.

O problema nos obriga a fazer um recuo mais longo do que 2016 e pensá-lo não apenas como um evento desencadeador, mas como um ponto culminante. Quer dizer, a convergência de uma sucessão de eventos ou fenômenos de diversas naturezas, uns mais e outros menos espetaculares e visíveis, por seu turno se desdobrando aquém e além do campo estritamente político, os quais se acumularam até produzir a explosão política de 2016. Todavia, recuar até onde?

O primeiro candidato que se impõe quase inevitavelmente, quando contemplamos a linha do tempo, é o *crash* financeiro de 2008 que abala a ordem neoliberal, contudo sem lhe dar um tiro de misericórdia. Foi o fato que trouxe novamente à baila, para um público mais amplo do que os círculos da esquerda socialista, o velho problema da relação entre democracia e capitalismo. Ou seja, que o capitalismo produz desigualdades sistemáticas, enquanto a democracia tende a empurrar a sociedade para o lado da igualdade. A rigor, esse conflito nem sempre foi tão claro assim: sabemos que houve um tempo, não tão remoto, em que se encontraram formas de atenuar a contradição dentro da própria democracia, até mesmo no sentido de conter, através de remédios macroeconômicos, as crises cíclicas do capitalismo.

É o que nos leva a perguntar: o que fez as democracias dos países mais ricos, mais desenvolvidos, encontrar esses remédios no passado e não mais tê-los à disposição em nosso tempo? Os economistas heterodoxos de todas as paragens — keynesianos, marxistas, estruturalistas-cepalinos etc. —, bem sabemos, têm a resposta na ponta da língua. Mas a pergunta feita aqui não é sobre o mérito das receitas econômicas emanadas de suas teorias, obviamente divergentes das ortodoxas, mas sobre as condições que as tornaram exequíveis e operacionais, e que depois deixaram de sê-lo. Assumo que nenhum pacote de políticas econômicas é correto em si mesmo, independente dessas condições.

DUAS GLOBALIZAÇÕES

Para melhor compreender a "diferença dos tempos", sugiro uma comparação histórica. Penso que ela pode iluminar algo sobre certas circunstâncias que favorecem uma coexistência suportável entre capitalismo e democracia, e outras nas quais a dinâmica do primeiro vem a solapar as bases de legitimidade da segunda. O ponto tem a ver com o macrofenômeno da globalização.

A globalização sincronizou as percepções públicas e de certa forma nivelou todos os fenômenos da vida social, inclusive os políticos, enquanto fez "trombar" imaginariamente, tornando-as muito vivas, as diferenças de história, geografia, costumes, religião etc, que a humanidade exibe universalmente.[5] Qual a relação disso com a história recente da democracia? Ela é ambígua. Num primeiro momento, logo após a queda do Muro de Berlim, ela favoreceu uma onda inédita de democratização.[6] Regimes democráticos se expandiram, como nunca antes, mundo afora, de modo mais ou menos sincronizado. Mas não demorou muito para que ela perdesse fôlego. Num segundo momento, que se desdobra até onde estamos, a globalização acabou abrigando uma onda reversa de autocratização, também de forma mais ou menos sincronizada. E agora, finalmente, essa onda reversa parece colocar em xeque o processo mesmo de globalização: por isso fala-se numa conjuntura de "desglobalização" (Rajan, 2023).[7] Sinal de que a expansão da democracia, embora inédita do ponto de vista quantitativo, fora frágil do ponto de vista qualitativo. E uma vez que a onda reversa atingiu também os países de longa história de estabilidade democrática, a experiência como um todo acabou não só nivelando a qualidade dos regimes políticos, mas os nivelando "por baixo".

---

5 Este parágrafo e o seguinte é um trecho extraído de meu artigo "Desafios da democracia no século XXI", que será publicado em breve pela FGV-Rio.

6 Sobre o conceito de "ondas de democratização" e uma proposta de sua cronologia, ver Gunitsky (2018).

7 Para uma articulação desse tópico, *cf.* Limongi Alves, 2024, cap.3.

O problema da nivelação por baixo remete ao modo como o capitalismo globalizado se articulou nas últimas décadas. Isso é, seu nexo com o advento da ordem neoliberal. Esse ponto, como veremos, está longe de fornecer a chave de todas as complicações que investigamos aqui, mas ajuda a entender por que o epicentro da crise atual das democracias se deu no Atlântico Norte. O que, aliás, é muito curioso, se pensarmos em sua dimensão geopolítica: a ordem neoliberal foi concebida e ativada por uma aliança das elites econômicas com os governos das potências estatais da região do Atlântico Norte, sob a batuta dos Estados Unidos. Mas se observarmos os impactos econômicos e sociais sobre suas respectivas populações, parece ter beneficiado mais os países de regiões que encontraram modos de se encaixar, inicialmente de forma subordinada, à globalização *cum* neoliberalismo, do que os países que a impuseram e conduziram em primeiro lugar. A espetacular ascensão econômica da China e, mais recentemente, da Índia, no mesmo compasso em que o Atlântico Norte se desindustrializou, é o acontecimento que melhor evidencia esse paradoxo.

Aqui introduzo a comparação histórica que mencionei antes. Alguns historiadores econômicos afirmam que não tivemos uma (a atual), mas duas globalizações na história moderna pós-revolução industrial.[8] Esta que vivemos, a "globalização neoliberal", foi iniciada mais ou menos no final da década de 1980 e pode estar agora em seus estertores, com o surgimento de campos geopolíticos rivais. A primeira é a que aconteceu desde os últimos trinta anos do século XIX e se estendeu até a Grande Guerra de 1914. Ambas patrocinadas pelos países do Atlântico Norte, elas produziram efeitos políticos opostos entre si.

A pergunta de fundo é como os países dessa região conseguiram, num período de tempo tão longo (cerca de 250 anos desde a revolução industrial), lidar com as tendências extraterritoriais do capitalismo, preservando a pujança e o dinamismo de suas economias. As duas

---

8 *Cf.* Bordo (2002).

globalizações, a meu ver, representam modos divergentes de lidar com esse problema, com efeitos igualmente distintos. Na primeira globalização, os países envolvidos, então sob a liderança da Grã-Bretanha, conseguiram administrar politicamente suas empresas e burguesias, ao promover um tipo de "*joint venture*" — aquilo que os observadores da época chamaram de "imperialismo"[9] — que deu vazão à extraterritorialidade dos capitais, mas sem que o Estado perdesse seu papel protagonista. Em que sentido? Naquilo que é sua marca registrada: o emprego da violência organizada. O poder estatal foi a ponta-de-lança da abertura de novas oportunidades de investimento, usando a "boca do canhão" — o famoso *big stick* do presidente Theodor Roosevelt —, transformando os territórios conquistados em reservas de mercado para as respectivas empresas nacionais. Feita quase sem nenhum constrangimento ou inibição, a "globalização imperialista" combinava a expansão de mercados com a conquista territorial, sendo o butim distribuído, embora desigualmente, entre as classes governantes e as classes sociais engajadas, inclusive as classes trabalhadoras. Não por acaso, tornou-se um empreendimento extremamente popular na época. Uma vez que aconteceu no mesmo período em que os sindicatos e os partidos socialistas começavam a ganhar força, o imperialismo também oferecia uma válvula de escape para os conflitos internos dos países que o promoviam

Já a segunda globalização não pôde ser feita nos mesmos termos, porque ela ocorreu quando os países das regiões que foram o alvo de conquista colonial da expansão anterior já tinham se tornado estados nacionais independentes.[10] A expansão teria de ser patrocinada agora à base do chamado *soft power* — a pressão diplomática e, especialmente,

9 O imperialismo foi assim denominado, na época, por autores de diferentes colorações ideológicas: desde liberais como John Hobson (Hobson, 1902) até socialistas revolucionários como Rosa Luxemburgo (2023) e Vladimir Lenin (2021).

10 Gauchet (2017) fala de um processo de "mundialização" dos Estados nacionais.

o uso do poder financeiro —, mas sem um controle político mais estrito sobre as empresas e os capitais investidos. Embora nem todas as empresas oriundas do Atlântico Norte se beneficiaram — muitas sucumbiram no processo —, as que tiveram sucesso o fizeram sem precisar pagar o "pedágio" de distribuir seus ganhos entre os Estados nacionais de origem e as respectivas classes trabalhadoras. Pelo contrário, fizeram-no à custa dos empregos e do bem-estar dessas classes. Num movimento inédito em 250 anos, a extraterritorialidade do capitalismo se consumava desse modo paradoxal, deixando a maior parte dos países do Atlântico Norte empobrecida e desindustrializada.

Penso que foi isso, ajudado por outros fatores que mencionaremos abaixo, que propiciou a revolta popular contra a democracia nessa região, tornando-a o epicentro da crise. Os efeitos devastadores do *crash* financeiro de 2008 simplesmente tornaram esse quadro patente, fazendo com que as classes populares e trabalhadoras, ao serem instigadas a comparar sua situação corrente com o próprio passado, dessem ouvidos ao clamor de extrema-direita para que seus respectivos países voltassem a ser "*great again*". O slogan fazia todo sentido para populações de países que, embora ainda ricos, ressentiam-se de um declínio relativo. Não fazia nenhum sentido, claro, para as populações daqueles países pobres que não tinham qualquer grandeza pregressa para reivindicar. Mas se a globalização neoliberal as tivesse tornado mais pobres ainda, ou promovido fortes disparidades de classe ou regionais entre a pujança e o empobrecimento — como aconteceu nos países grandes fornecedores de *commodities*, como o Brasil —, suas democracias terminariam arrastadas para a crise, ainda que as extremas direitas em questão tivessem de explorar outras sensibilidades e outros slogans.

CRISE DO CAPITALISMO NEOLIBERAL, EVENTOS SUBSIDIÁRIOS E O COLAPSO AMBIENTAL

Mas será que as venturas e desventuras do capitalismo neoliberal são capazes de explicar todos os aspectos da crise atual dos regimes democráticos? Certamente não. Acima, tentei destacar um pano de fundo que informa o atual estado de coisas. Mas ele não esgota a questão. As crises políticas mais profundas nunca deixam de implicar uma mistura de fatores, e é sua combinação muito peculiar que as precipita.

Não tenho tempo para desenvolvê-los neste espaço, mas vou mencionar alguns fatores subsidiários que certamente ajudaram a criar o caldo de cultura propício. Na Europa, especialmente, os desdobramentos da chamada Primavera Árabe ampliaram e intensificaram os questionamentos à União Europeia e a todos os governos e partidos, à esquerda e à direita, que ajudaram a construí-la ao longo das últimas décadas. Contudo, não fosse a enorme crise humanitária e, depois, quando ela atravessou o Mediterrâneo, a crise migratória que desencadeou, dificilmente os grupos de extrema-direita teriam conseguido aumentar tanto sua audiência nos países europeus, como acabaram conseguindo. E é provável que nem a Alemanha, nem a Suécia, que sofreram muito menos as consequências da globalização neoliberal –– ao contrário do que aconteceu na maioria dos países, a Suécia preservou seu *welfare state*; e, quanto à Alemanha, pode-se dizer que sua indústria exportadora mais ganhou do que perdeu com ela —, teriam sofrido tamanhas reviravoltas em seu sistema partidário.

Podemos discutir se a própria Primavera Árabe já não teria sido uma consequência do *crash* de 2008. Não duvido que tenha havido alguma influência, mas é preciso reconhecer motivos independentes: a ascensão do fundamentalismo islâmico e o longo desgaste dos regimes autoritários emanados do nacionalismo árabe secular. Esses eventos se conjugam, no Ocidente, ao ataque terrorista de 11 de setembro de 2001 nos Estados Unidos, seguido de outros ataques na Europa, e à consequente resposta das potências ocidentais. Se alguma coisa, o abalo financeiro de 2008 forneceu simplesmente a gota d"água.

Há, porém, um fator mais estrutural e abrangente que tende, no longo prazo, a solapar a confiança da cidadania nos regimes democráticos, e que talvez seja a maior complicação da série que relatei neste capítulo. Trata-se da crise ambiental e climática. Penso que é a mais complicada porque não remete apenas aos desarranjos do capitalismo neoliberal e nem mesmo ao capitalismo em si, mas aos próprios fundamentos da civilização moderna.

Durante grande parte do período pós-revolução industrial, os problemas sociais e políticos gerados pela economia capitalista ocuparam o centro da agenda pública. Agora esses problemas dividem o palco com a crise ambiental, com grandes chances de, nos próximos anos, assistirmos a um deslocamento radical para esta última.[11] Embora sejam muito fortes os argumentos de que um e outro estão intimamente ligados, não está claro por que e como uma alternativa anticapitalista nos moldes do socialismo resolveria a questão. Pelo menos as alternativas praticadas durante o século XX foram tão (ou mais) predatórias à natureza quanto a produzida pelo regime social adversário. O que não é de surpreender, pois os ideais do socialismo são filhos da civilização ocidental moderna, da sociedade industrial e do Iluminismo. Os socialistas queriam liquidar a sociedade de classes, mas não punham em questão o desenvolvimento econômico e tecnológico propiciado pela revolução industrial, muito pelo contrário. Hoje fala-se de socialismo ecológico, mas estamos longe de saber como combinar, nele, a continuidade da geração de riqueza, o acesso igualitário e universal a essa riqueza e a preservação do meio ambiente.

Na verdade, exceto estarmos cientes de que o problema é muito real e muito grave, não temos a menor noção de como submetê-lo ao controle de um poder humano. Primeiro, porque não temos claro sua efetiva dimensão — por exemplo, será ainda reversível, ou já ultrapassamos o *turning point*? — e todas as suas possíveis repercussões. Segundo,

---

11 Cf. Marques (2023).

porque não sabemos bem os meios técnicos e, principalmente, políticos para o conter. E mesmo aqueles que pensam possuir a melhor resposta para ele — o "desenvolvimento (capitalista) sustentável", uma forma alternativa radical de "bem viver", o próprio socialismo ecológico etc. — não reúnem, sozinhos, poder político e social suficientes para colocá-la de pé. O resultado é a sensação esmagadora de que somos arrastados para o abismo através de uma imensa força cega, anônima e quase irresistível, ainda que produzida por nós mesmos, graças a trilhões de decisões e interações descoordenadas e descombinadas.

A teoria social dirá, na certa, que há uma lógica nesse processo, embora sinistra, e que há os que se beneficiam dele, no curto prazo pelo menos. Não importa. O fato é que, mesmo os grupos beneficiados no curto prazo, dificilmente continuarão a sê-lo no longo prazo, se as tendências atuais se consumarem plenamente. Mas então por que essas tendências não são revertidas? A pergunta agudiza ainda mais a percepção de que a humanidade caminha inexoravelmente em direção ao beco sem saída, sem que ninguém consiga colocar um freio ao movimento ou alterar seu curso.

O que gostaria, ao descrever dessa forma a complicação ambiental, é indicar como ela afeta nossa maneira tradicional de pensar o papel da política, em particular a política democrática. No fundo, como ela afeta a própria legitimidade democrática. Por quê? Basta refletir sobre o efeito de descrença que a ideia de que estamos sob o domínio de uma força anônima e incontrolável — e, porém, de origem humana — lança contra os valores mais caros da democracia moderna. Digo, a crise ambiental, entendida desse modo, põe em questão a aposta democrática de que uma coletividade humana, através do exercício do autogoverno, é o caminho mais apropriado para reunir as capacidades racionais e criativas de seus membros, a fim de equacionar os principais problemas coletivos e dar-lhes um destino apropriado. Apropriado, isto é, com liberdade e sem exclusões.

Penso que é na perda vertiginosa da confiança coletiva nessa aposta que a pregação de extrema-direita em curso — começando na região onde a democracia moderna primeiro emergiu historicamente, até atingir uma escala global — se nutre e se ancora, engendrando suas derivas autoritárias. Trata-se de um mal-estar profundo que, ferindo a autoridade do poder democrático, dificilmente se dissipará tão cedo, a menos, claro, que novas condições favoráveis — que até aqui não vislumbramos — emerjam no meio do caminho.

REFERÊNCIAS

BORDO, M. D. "Globalization in historical perspective". *In*: *Business Economics*, Jan. 2002, em: **https://pages.stern.nyu.edu/~dbackus/BCH/history/Bordo_globalization_02.pdf**.

GAUCHET, M. *L'Avènement de la démocratie IV:* Le nouveau monde. Paris: Gallimard, 2017.

GUNITSKY, S. "Democratic waves in historical perspective". *In*: *Perspectives on Politic, vol.* 16, 2018: 634-651.

HOBSON, J. *Imperialism:* A Study. Nova York: Cosimo Inc., 1902.

LIMONGI ALVES, A. *Globalização, desglobalização e impactos na soberania estatal*. Belo Horizonte: Forum/Del Rey, 2024.

LENIN, V. I. *Imperialismo, estágio superior do capitalismo*. São Paulo: Boitempo, (2017) 2021.

LUXEMBURGO, R. *A acumulação do capital*. Rio de Janeiro: Civilização Brasileira, (1913) 2023.

MARQUES, L. *O decênio decisivo*. São Paulo: Elefante, 2023.

MELO, M. A.; PEREIRA, C. *Por que a democracia brasileira não morreu?* São Paulo: Cia das Letras, 2024.

RAJAN, R. G. "The gospel of deglobalization: what's the cost of a fractured world economy?". *In*: *Foreign Affairs, Review Essay*, January/February 2023 Disponível em: **https://www.foreignaffairs.com/reviews/gospel-deglobalization-fractured-world-economy**.

PRZEWORSKI, A. *Crises da democracia*. São Paulo: Zahar, 2020.

ROSANVALLON, P. *O século do populismo*: história, teoria, crítica. Rio de Janeiro: Ateliê, 2021.

TRAVERSO, E. *As novas faces do fascismo*. São Paulo: Ayiné, 2023.

PARTE 3

ECONOMIA E MUDANÇAS CLIMÁTICAS

APRESENTAÇÃO

Fabiano Santos

Na última década, o nível de investimento estatal em atividades econômicas passou por importante processo de retração, à medida que avança o modelo econômico baseado na austeridade fiscal, características, sobretudo, dos governos de Michel Temer e de Jair Bolsonaro. Embora tenha havido no governo deste último, ao longo da pandemia de COVID-19, aumento de gastos à guisa de enfrentamento da crise sanitária, rapidamente a contenção de despesas do Estado voltou à pauta e nenhum planejamento mais estruturado de investimento foi colocado em prática. Em 2023, no primeiro ano do terceiro mandato de Lula na presidência, o governo federal lançou o Novo PAC, visando retomar a capacidade de investimento do Estado de forma estruturada.

O Novo PAC, contudo, precisou se adequar às demandas da modernidade brasileira reconfigurada, e a promoção da transição ecológica figura como uma das principais características da emergente agenda política global. Assim, o "novo" modelo incorporou, em 2024, o "Plano de Transformação Ecológica", que busca impulsionar o desenvolvimento sustentável e tecnológico da indústria, da agricultura, das finanças e da organização da sociedade brasileira como um todo. O capítulo de Bruna Bataglia — "Será cada nação por si?": legislação climática no Brasil, Estados Unidos, China e União Europeia" — incide sobre esse debate, ao comparar o Novo PAC às iniciativas de outros países e blocos, principalmente Estados Unidos, União Europeia e China, que também, cada um à sua maneira, buscam combinar aceleração econômica com medidas de enfrentamento da emergência climática.

No trabalho, a autora argumenta que o engajamento das grandes potências em políticas de enfrentamento da emergência climática funciona mais como retórica, mais um componente das disputas geopolíticas existentes entre elas. Com a volta, mitigada vale notar, do Estado interventor, em contexto de acirramento de conflitos globais, o abrandamento da crise climática é um dos elementos de disputa de hegemonia. Ao mesmo tempo, embora não por motivações genuínas, o combate às mudanças climáticas ganhou espaço na agenda desses países e encontrou condições para que políticas públicas ambientais mais robustas sejam experimentadas.

No caso do Brasil, o "Plano de Transformação Ecológica" se aproxima dos objetivos dos outros países analisados no texto por ter como finalidade garantir os interesses, a soberania e a defesa nacionais, bem como inserir o Brasil na geopolítica internacional, tendo em vista o papel central do país no combate à crise climática e às vantagens competitivas que apresenta com relação à produção de energia limpa. Todavia, a estratégia brasileira tem maior afinidade eletiva com o modelo chinês, dados os objetivos comuns dos dois países do BRICS de estimular o desenvolvimento socioeconômico, aproveitando a janela de oportunidades que a economia verde proporciona. No caso brasileiro, ressalta a autora, o desenvolvimento interno restou mais importante do que alavancar sua posição geopolítica.

Nesse mesmo espírito, Fernanda Feil, Carmem Feijó e Fernando Amorim Teixeira, no capítulo intitulado "A Nova Indústria Brasil: por que é relevante no contexto da crise climática?", argumentam que a mudança do modelo de desenvolvimento, tendo em vista realizar a transição verde, precisa ser encarada como uma oportunidade para a recuperação do dinamismo econômico do país após décadas de estagnação, muito embora pontuada por alguns momentos curtos e não sustentáveis de crescimento.

No caso do Brasil, país de industrialização incompleta e que experimenta processo intenso de desindustrialização, uma nova indústria sustentável é de fundamental importância para seu desenvolvimento e o desiderato de que se torne uma nação de renda alta. A reindustrialização do país necessita, portanto, promover uma reconfiguração da estrutura econômica do país, e isto por meio do processo de transição verde sustentável. Como mostram as autoras, tal processo não é somente benéfico do ponto de vista da finalidade de preservação ambiental, mas também proporciona maiores possibilidades de geração de empregos de qualidade, aumento da competitividade dos produtos brasileiros no mercado internacional e redução da restrição externa ao crescimento econômico.

Para alcançar esses objetivos, contudo, não basta uma política industrial bem desenhada. É necessário que o arranjo macroeconômico do país seja recalibrado de modo a propiciar o ambiente regulatório necessário para o enfrentamento de tais questões, quais sejam, o da reindustrialização e o da sustentabilidade. Sabe-se que o modelo econômico neoliberal apresenta fortes limitações no que tange à adequação das medidas e ações necessárias para uma reindustrialização verde. Tendo isso em vista, os autores sugerem que, para garantir o espaço de política necessário para decisões públicas discricionárias, assim como transcender o desafio de produzir mudança estrutural com sustentabilidade ecológica, é preciso que o modelo do tripé macroeconômico, centrado na estabilidade de preços, seja flexibilizado de forma a incorporar instrumentos de intervenção que tornem o Estado brasileiro mais capacitado no enfrentamento dos novos desafios colocados pela questão ambiental.

Os autores propõem que o conceito de neoindustrialização deve ser o balizador do processo de longo prazo de reestruturação da cadeia produtiva nacional. A mudança, releva ressaltar, supõe cenário macroeconômico com taxa de juros real abaixo da taxa de retorno sobre o capital fixo, ademais de taxa de câmbio competitiva. Além disso, as políticas industriais desse marco devem ser coordenadas com a participação de todas as esferas da administração pública, de modo a induzir as decisões privadas de investimento e de financiamento no longo prazo.

Para evitar, ou pelo menos mitigar, a catástrofe climática prevista pelos especialistas, a preservação da Amazônia é a tarefa mais importante. Por conta disso, as expectativas globais com relação às políticas ambientais do Brasil são grandes. Um aspecto fundamental dessa problemática é compreender as mudanças pelas quais a região amazônica passou nas últimas décadas. O entendimento das alterações dos tecidos ambientes deve ser acompanhado pela compreensão das transformações territoriais e populacionais, bem como dos modelos de desenvolvimento adotados. No caso específico da Amazônia, modelos relacionados à bioeconomia se destacam.

No capítulo "Fronteiras agropecuárias e urbanas: dinâmicas sociais contemporâneas e os desafios ambientais da Amazônia", Thereza Cristina Cardoso Menezes analisa, com base em trabalho de campo e levantamento documental consistentes, a articulação entre o avanço da fronteira agrícola, o crescimento da população urbana e as novas dinâmicas de poder sobre o território. O conceito fundamental para as investigações sobre o tema é o de bioeconomia, que faz um contraponto à "velha economia", baseada justamente na produção de *commodities* agrícolas e minerais dominantes na Amazônia. A bioeconomia, por sua vez, é baseada na produção com conservação de recursos naturais de modo a estruturar uma economia sustentável.

A autora mostra que o cenário atual da Amazônia reflete uma gama múltipla de formas de distribuição do solo, em áreas de transição ou convertidas, além de periferias urbanas em crescimento acelerado. Há, nessa diversidade, projetos distintos de governança territorial e de disputa de poder. Os produtores rurais apostam na expansão da fronteira agrícola. Dados do MapBiomas, mobilizados pela autora, apontam que entre 1985 e 2023 o uso do solo para mineração legal e ilegal cresceu 1.063% e, para a agricultura, 598%. Para pastagens, 297%. Com relação às dinâmicas populacionais, os dados mais recentes do Censo mostram aumento expressivo da população entre 2010 e 2022, de 1,8 milhão para 2,06 milhões. Além disso, a Região Norte tem a maior proporção de pessoas vivendo em aglomerados subnormais (18,9% da população regional). Outro fator relevante é o crescimento das migrações intrarregionais, sempre relatados, como mostra a autora, durante o trabalho de campo. Há, também, o aumento do narcotráfico nas fronteiras, decorrente, em boa medida, do descontrole federal assumido como política de estado por Jair Bolsonaro de 2019 a 2022. Em poucas palavras: o cenário urbano amazônico passou por mudanças profundas nas últimas décadas, mudanças que alteram qualitativamente o desafio posto aos governos, sobretudo locais, aspecto pouco notado no debate público.

Assim, os três capítulos apresentam objetos distintos: o espaço da política ambiental na relação entre geopolítica e política doméstica; a necessidade de um novo modelo de industrialização; e os desafios contemporâneos da sociedade amazônica, colocados, sobretudo, pela acelerada urbanização. No entanto, oferecem às leitoras o mesmo fio condutor: a preocupação com a emergência climática.

No caso dos dois primeiros, o desafio fundamental é o espaço de política, seja para a realização do "Plano de Transformação Ecológica", seja para a reconfiguração da economia através da neoindustrialização. Apesar de alguns avanços, sabe-se que o terceiro governo Lula enfrenta cenário adverso para implementação mais acelerada e robusta de tais agendas. É importante ter em conta que Lula foi eleito apoiado por coalizão heterogênea, de frente ampla, em que muitos dos partidos e atores mais relevantes preconizam o modelo neoliberal hegemônico de gestão da economia, apontado por ambos os capítulos como insuficientes para lidar com as demandas mais importantes, urgentes e que necessitam de políticas de longo prazo para sua acomodação. Ademais, a coalizão societal envolvendo as principais mídias da esfera pública e o setor financeiro se contrapõem firmemente a qualquer medida de política que escape minimamente ao paradigma da austeridade.

No que se refere ao terceiro capítulo, um ponto fundamental é a mudança de preferências políticas pela qual a região amazônica vem passando, com aumento consistente do poder eleitoral da extrema-direita. A contraposição às políticas ambientais, vista por parte da população como um risco à sua sobrevivência financeira, se tornou mote central para o crescimento de elites políticas que buscam bloquear as mudanças no sentido da preservação do meio ambiente, elites encapsuladas nos partidos que giram em torno da liderança de Jair Bolsonaro.

É isso o que se pode ver da análise do pleito eleitoral de 2018 (Santos, 2022), e mantidos em eleições posteriores. Considerando os estados que compõem a Amazônia Legal, Roraima, Rondônia, Amazonas e Tocantins, que já possuíam maior tradição de eleger partidos de direita, seguiram essa toada em 2018. Já estados com tradição eleitoral de centro, como Pará e Mato Grosso, apresentaram diferenças importantes, pois enquanto este foi alvo mais fácil da onda bolsonarista de direita e seu discurso ultraconservador, o Pará foi o estado no qual menos se aderiu ao bolsonarismo. Da análise dos três estados com forte tradição de esquerda, isto é, Maranhão, Amapá e Acre, identificou-se que estes últimos foram tomados pelo conservantismo extremado de direita no pleito de 2018. Assim, verificou-se que a despeito do Acre ter votado majoritariamente em Dilma no pleito de 2014, foi o segundo estado com mais votos para Bolsonaro no segundo turno, junto de Roraima e Rondônia.

Assim sendo, e considerando as interações possíveis entre os temas dos textos deste eixo e os estudos eleitorais, vale ressaltar uma abordagem que vem crescendo e que vincula os efeitos de choques econômicos sobre o comportamento político local, ou seja, que procura evidenciar o poder explicativo da dinâmica econômica nas variáveis políticas (Margalit, 2019), abordagem que, inclusive, tem subsidiado análises que visam compreender a nova geografia do processo político-eleitoral brasileiro (Campello; Urdinez, 2021; Ogeda; Ornellas; Soares, 2021). A hipótese central sugere que o processo de desindustrialização no Brasil, e consequente hegemonia do setor exportador de bens primários, poderia ser um dos fatores explicativos para o aumento da força eleitoral da direita nas eleições presidenciais e, principalmente, locais e para o Legislativo, uma vez que ela, a desindustrialização, estaria relacionada à perda de empregos no setor manufatureiro e à queda nos níveis de sindicalização e associativismo (Santos *et al.*, 2024). Se de fato há um retorno da capacidade de investimento do Estado de forma estruturada através de políticas de reindustrialização — no Brasil e nos EUA, como argumenta um dos capítulos, valerá a pena acompanhar se e de que forma esse fator econômico gerará impacto e se será capaz, de fato, de incidir sobre as dinâmicas políticas nos próximos pleitos.

Dessa forma, os obstáculos ao avanço de políticas sustentáveis de crescimento, consistentes com uma nova modernidade, são dissecados pelos capítulos — que passam a ser objeto de leitura obrigatória para decisores e o grande público formador de opinião.

REFERÊNCIAS

CAMPELLO, D.; URDINEZ, F. "Voter and legislator responses to localized trade shocks from China in Brazil". *In*: *Comparative Political Studies*, vol. 54, 2021: 1131-1162.

MARGALIT, Y. "Political responses to economic shocks". *In*: *Annual Review of Political Science*, no. 22, 2019: 277-295.

OGEDA, P.; ORNELAS, E.; SOARES, R. "Labor unions and the electoral consequences of trade liberalization". *In*: *CESIFO Working Papers*, no. 9418, 2021: 1-61. Disponível em: **https://academic.oup.com/jeea/article-abstract/23/1/236/7628306?login=false**. Acesso em: 10 abr 2025.

SANTOS, F. "A dinâmica eleitoral nos estados da Amazônia Legal: um quadro sintético e comparativo". *In*: *Legal*. 6 de set. de 2022. Disponível em: **https://legal-amazonia.org/a-dinamica-eleitoral-nos-estados-da-amazonia-legal-um-quadro-sintetico-e-comparativo/**. Acesso em: 10 abr 2025.

SANTOS, F. *et al*. "Desindustrialização e a dinâmica das eleições presidenciais no Brasil (2002-2018)". *In*: *Opinião Pública*, vol. 30, 2024: e3012. Disponível em: **https://www.scielo.br/j/op/a/xBcX4LtMYLJC4c7kMK9Dbwq/?lang=pt**. Acesso em: 10 abr 2025.

"SERÁ CADA NAÇÃO POR SI"?: RESPOSTAS ESTATAIS À CRISE CLIMÁTICA (BRASIL, ESTADOS UNIDOS, CHINA E UNIÃO EUROPEIA)

Bruna Bataglia

AS VÁRIAS CRISES DO MUNDO CONTEMPORÂNEO

Em 2020, cinco cientistas publicaram uma declaração na revista *BioScience* — endossada por 11.258 cientistas de 153 países — afirmando a necessidade de um aumento imenso na escala dos esforços para evitar um "sofrimento incalculável devido à crise climática" (William *et al.*, 2020). Há pelo menos seis décadas a crítica ambientalista ao modelo de desenvolvimento, produção e consumo capitalistas vem sendo elaborada e refinada. No início dos anos 2000, a tese de que estaríamos em uma nova era geológica, o Antropoceno, iniciou debates ainda hoje em curso, e sugere que a partir da revolução industrial no século XVIII seria possível identificar a aceleração do uso dos recursos naturais do planeta, pelas atividades humanas, resultando em altas emissões de gases de efeitos estufa (GEE) na atmosfera, alterando o funcionamento regular desse fenômeno fundamental para a vida na Terra. No curso dessa aceleração, uma outra — "a Grande Aceleração" (McNeill; Engelke, 2014) —, mais radical a partir do pós-segunda guerra mundial, elevaria essas alterações a um outro patamar, desencadeando eventos meteorológicos extremos cada vez mais frequentes, intensos e em maior escala. O resultado desses processos é o aumento da temperatura média dos oceanos e da atmosfera — o aquecimento global — e transformações de longo prazo nos padrões de temperatura e clima nas diversas regiões do planeta — as mudanças climáticas. A isso convencionou-se chamar de crise climática.

Além desta crise climática, somam-se a crise financeira desde 2008 e a crise geopolítica recentemente marcada pelo início da chamada "Operação Militar Especial na Ucrânia", pela Rússia, em 2022 (Gerbaudo, 2024; Durand, 2022; Roberts, 2023), às quais podemos adicionar a temporária, mas com efeitos duradouros, crise sanitária de 2020 da COVID-19, que transformou um risco — pandemia — em uma ameaça concreta, exigindo a implantação de capacidades estatais até então adormecidas (Domingues, 2024). O cenário que vem se desenhando neste período e as suas interpretações, pelos especialistas, sugerem a falência do modelo econômico internacional neoliberal e neoclássico, a estagnação da globalização e o fim da hegemonia estadunidense com a ascensão da China como uma potência econômica rival.

Como relembra Durand, o crescimento do setor financeiro, durante os anos de ouro do neoliberalismo teve como base, dentre outras medidas, "a reorientação do capital para fora do investimento produtivo doméstico, para buscar retornos mais altos nos lucros financeiros e nas cadeias de produção globalizadas, explorando mão de obra mais barata" (Durand, 2022). Porém, diante dos desafios que a crise sanitária de 2020 impôs aos governos, que tiveram de decretar *lockdowns* e restrições diversas, o efeito que se seguiu a essas medidas recaiu sobre a cadeia global de produção, com o fechamento de fábricas, a paralização de transportes e a permanência de parte dos trabalhadores em casa. Além disso, houve uma mudança no perfil de consumo dos cidadãos que passaram a demandar mais produtos manufaturados do que serviços, como celulares, tablets, televisores, jogos, computadores etc., fazendo com que os fabricantes de *chips* redirecionassem seu fornecimento do setor automobilístico para o setor eletrônico, mantendo esse redirecionamento até mesmo depois da pandemia, pois mais lucrativo (Priddle,

2021). Isso significou, por exemplo, uma queda drástica no registro de carros novos nos EUA, "com um déficit de produção global estimado em mais de 11 milhões de veículos e perdas de US$ 120 bilhões para o setor em todo o mundo" (Durand, 2022) conforme dados da OCDE e da Associação Europeia de Fabricantes de Automóveis. Esse exemplo é emblemático, porque mostra justamente os efeitos desses eventos e arranjos globais sobre a indústria automotiva, um dos pilares industriais dos EUA, o que não ocorreria sem uma forte resposta.

É neste contexto que se passou a falar no regresso do intervencionismo estatal na economia, ou do Estado intervencionista (Gerbaudo, 2024), levantando-se o questionamento acerca da emergência de uma nova fase da modernidade ou da inflexão, ainda, de sua terceira fase (Domingues, 2023), diante de todos os investimentos e intervenções na política industrial — mas não só — que foram sendo feitos desde 2020 pelos maiores atores, isto é, Estados Unidos, Europa, China e, mais recentemente, Brasil. Assim, no pós-pandemia, esses atores lançaram pacotes ecológicos com o objetivo de implementar respostas à crise climática global, além de outros pacotes que, de modo geral, visam a promoção de um estímulo maciço ao crescimento/retomada econômica — no caso dos EUA, foram aprovados o Plano Americano de Resgate Econômico (2021), o Pacote Bipartidário de Infraestrutura (2021), a Lei de CHIPS e Ciência (2022), a Lei de Redução da Inflação (2022); na União Europeia, foram aprovados o Pacote Ecológico Europeu (2020), o NextGenerationEU (2020), REPowerEU (2022) e o Green Deal Industrial Plan (2023); na China, tanto o 12º Plano Quinquenal (2011-2015), quanto o 13º (2016-2020) e o 14º (2021-2025) trouxeram previsões relacionadas a crise climática e redução de emissões, além das iniciativas The Belt and Road Iniciative (2013) e a Made in China 2025 (2015) para o crescimento econômico e desenvolvimento infraestrutural; no Brasil, os programas e linhas de crédito durante a pandemia (Auxílio Emergencial, PRONAMPE, PEAC, CGPE etc.) (2020-2021) e o Plano de Transformação Ecológica (2023), vinculado ao Novo PAC, e do qual também faz parte a Nova Indústria Brasil (2023).

Um dos esforços dos EUA e da Europa é a busca pela autonomia na produção doméstica de microchips, até então importados do Sudeste Asiático. Se essas escolhas não fazem sentido do ponto de vista puramente econômico, uma vez que os microchips produzidos em Taiwan são mais baratos, seria preciso atentar para como essas escolhas revelam considerações sobre supremacia tecnológica e segurança nacional (Gerbaudo, 2024). Esse argumento fica mais forte quando olhamos para a fala de um Conselheiro de Segurança Nacional dos EUA em abril de 2023 ao explicar o que seria o Novo Consenso de Washington no que se referia à política externa dos Estados Unidos, essencialmente, uma forma de sustentar a hegemonia do capital dos EUA e de seus aliados mais jovens (Roberts, 2023). Afirmando que diante das crises crescentes era necessária uma nova agenda de reconstrução, o Conselheiro afirmou que "a hegemonia, no entanto, não é a capacidade de prevalecer — isso é, dominância —, mas a disposição dos outros de seguir (sob restrições) e a capacidade de definir agendas" (Roberts, 2023). O que se poderia interpretar desta fala é que os EUA definirão a nova agenda e aqueles que não a seguirem, enfrentarão as consequências disso, ainda que não se possa dizer exatamente o que isso signifique.

Nesse sentido, uma leitura que parece bastante adequada sobre a volta do Estado interventor e seus investimentos públicos atenta para a importância da lógica geopolítica, o que estaria ausente em diversas críticas recentes (Anderson, 2023). As orientações anti-China da política industrial dos EUA não seriam uma reação adversa da transição verde, mas seu objetivo motivador, como afirma o historiador Grey Anderson. Assim, a lógica que regeria essa "nova era de gastos" seria fundamentalmente geopolítica, e seu precedente não deveria ser buscado no New Deal, mas no "keynesianismo militar da Guerra Fria" (Anderson, 2023), que teria sido a condição para a vitória dos EUA contra a União Soviética nesse período. Em outra fala, do Secretário de Estado dos EUA, Antony Blinken, em maio de 2022, fica evidente a preocupação com o fato de que a China "é o único país com a intenção de remodelar a ordem internacional e, cada vez mais, com o poder econômico, diplomático, militar e tecnológico para fazê-lo". Trocando em miúdos, trata-se de garantir a hegemonia estadunidense diante da rivalidade geopolítica sino-americana crescente (van Apeldoorn; de Graaff, 2022). Inclusive, essas tendências neokeynesianas ou pós-neoliberais não deveriam ser lidas como uma resposta econômica racional à policrise, mas como uma aposta estratégica numa era de conflitos cada vez mais intensa (Anderson, 2023; Pitts, 2024) — que alguns estão chamando de "nova era do imperialismo", outros de "nova guerra fria" ou, ainda, de "guerra civil mundial" (Pitts, 2024).

Ademais, o discurso estadunidense frisou também o obscurecimento entre as fronteiras das políticas externa e interna do país. Como disse Joe Biden no início de 2021, "Não há mais uma linha clara entre política externa e política interna [...] cada ação que tomamos em nossa conduta no exterior, devemos tomar tendo em mente as famílias trabalhadoras americanas" (Anderson, 2023, tradução nossa). Isso também poderia ser visto no dualismo da política Belt and Road Iniciative chinesa, pois a expansão do mercado externo serve para escoar o excesso de capacidade dos setores estatais, como os do aço, carvão e construção naval, ao mesmo tempo que procura estimular o crescimento econômico de regiões internas mais subdesenvolvidas da China (van Apeldoorn; de Graaff, 2022).

Diante desse cenário, o engajamento com políticas climáticas que tenham como objetivo a implementação de medidas de mitigação dos efeitos das mudanças climáticas se mostra mais como mecanismos através dos quais os atores disputarão sua hegemonia ou seguirão a nação hegemônica, do que uma efetiva incorporação da preocupação com a crise climática. Em última instância, pode-se levantar a hipótese de que a implementação dos pacotes verdes neste momento, que passam a ocupar o lugar das medidas de enfretamento da pandemia da COVID-19, serve como justificativa retórica para a defesa da volta de um Estado intervencionista, mas em outros moldes. Ou que o Estado interventor somente se justifica, nesta quadra da história, devido aos imperativos dos conflitos geopolíticos globais. É nesse contexto, portanto, que a transformação socioambiental necessária para o enfrentamento dessas crises, enfim, parece ter encontrado as condições para sua implementação. Assumindo esse quadro analítico, procurarei esmiuçar alguns pontos do Plano de Transformação Ecológica brasileiro lançado em 2023, com o objetivo de evidenciar se o Estado brasileiro se aproxima ou se afasta dos objetivos de outros estados no que se refere à busca por maior competitividade global e crescimento econômico (ecologicamente sustentáveis), segurança nacional — via independência produtiva, e segurança nacional — via autonomia tecnológica.

RESPOSTAS ESTATAIS ÀS CRISES GLOBAIS

A atuação dos estados em nível internacional tem produzido negociações desde os anos 1970 voltadas para a proteção do meio ambiente — Conferência de Estocolmo (1972), PNUMA (1972), Convenção do Clima (1992) —, e, mais especificamente, para a questão climática desde os fins dos anos 1980 — IPCC (1988), UNFCCC (1992), Protocolo de Quioto na COP3 (1997), Acordo de Paris na COP21 (2015). A partir dessas negociações e acordos, os Estados signatários reconhecem a ocorrência das mudanças climáticas e a sua gravidade para a manutenção da vida na Terra, e se comprometem a alcançar metas de redução das emissões de GEE visando minimizar as consequências do aquecimento global. Historicamente, a participação no total de emissões de CO_2 — proveniente de combustíveis fósseis e produção de cimento, apenas — de 1750 a 2019 é atribuída à Europa (26,9%), EUA (25,5%), Ásia (14,6%) e China (13,7%) seguidos da Alemanha (5,7%), América do Norte (3,7%), Índia (3,2%), África (2,8%) e América do Sul (2,6%). Atualmente, no entanto, os maiores emissores em termos de emissões globais são China, EUA, Índia e Rússia, e em termos de emissões *per capita* são EUA, Canadá, Austrália, Rússia, Cazaquistão, Mongólia, Arábia Saudita, Líbia e Turcomenistão (Our World in Data, 2021; Steinwehr, 2021).

Em nível doméstico, a implementação das medidas para alcançar as metas de redução de GEE enfrentaram alguns obstáculos desde o Acordo de Paris (2015). Em junho de 2017, o então presidente Donald Trump anunciou a saída dos EUA desse Acordo, o que foi seguido — em discurso — pelo então presidente Jair Bolsonaro, que em dezembro de 2020 apresentou uma proposta de NDC[1] que diminuía os esforços do país para a redução das emissões de GEE. Já a China, signatária do Acordo de Paris, assumiu metas consideradas "conservadoras e insuficientes" pela comunidade internacional, garantindo o seu cumprimento desde que observado o seu crescimento econômico — o que se vê pela manutenção da meta em 2021 de atingir o pico de emissões de CO_2 até 2030, com a neutralidade de carbono a ser alcançada somente em 2060 (Climate Action Tracker, 2023). Quanto ao Brasil, a despeito da guinada anticlimática sob o governo de Jair Bolsonaro, desde 2004 os governos Lula I (2003), II (2007) e III (2023), e Dilma I (2011) têm implementado políticas para alcançar as metas acordadas no âmbito internacional, o que inclui o PPCD Amazônia (2004), o Plano Nacional sobre Mudança do Clima (2007), Fundo Amazônia (2008), Política Nacional sobre Mudança do Clima (2009), PPCD Cerrado (2010), a Política Nacional de Adaptação (2016), PPCD Pampa, Mata Atlântica, Caatinga e Pantanal (previstos para 2024), dentre outras.

Já no contexto da pandemia da COVID-19, pode-se mencionar, em relação aos EUA, o Plano Americano de Resgate Econômico aprovado em 2021 e que trazia medidas diretamente relacionadas com a pandemia — seguro-desemprego prolongado, auxílio temporário de renda, créditos variados etc. No mesmo ano, o parlamento estadunidense aprovou o Pacote Bipartidário de Infraestrutura prevendo gastos com a construção de pontes, estradas, ferrovias, rede elétrica e banda larga nos anos seguintes. "O objetivo é revitalizar nossa infraestrutura física e dar a empresas e trabalhadores as ferramentas para trabalhar

---

1 Contribuição Nacionalmente Determinada prevista pelo Acordo de Paris.

no século 21", afirmou o líder democrata (Porcella, 2021). Em 2022, foi aprovada a Lei de CHIPS e Ciência que representaria o marco de virada dos EUA e visaria a promoção da indústria de semicondutores e chips eletrônicos em solo estadunidense, na ordem de 52,7 bilhões de dólares, restringindo a venda dessa tecnologia para a China pelas empresas recebedoras destes recursos.

No mesmo ano, foi aprovada a Lei de Redução da Inflação (Inflation Reduction Act — IRA), consideravelmente diferente do Green New Deal proposto pelos democratas em 2019 que era muito mais ambicioso e que foi severamente atacado pelas forças locais de direita — "o GND destruiria economicamente a sociedade, tiraria seus hambúrgueres e transferiria a riqueza dos trabalhadores e produtores para os preguiçosos" (Huber, 2022) — com a derrota tendo sido sacramentada com o não endosso pelo então candidato à presidência, Joe Biden. O IRA teve como objetivos impulsionar os investimentos específicos para clima e energia para o enfrentamento da crise climática, observada a justiça ambiental, incluindo o alcance da meta zero emissões de GEE até 2050 (EUA, 2023), através de instrumentos como créditos fiscais e descontos diretos para consumidores, isenções fiscais para o setor privado, tributação de poluidores — Black Lung Disability Trust Fund e Superfund — dentre outros (E Mais Energia, 2023). Até o momento, os impactos mais positivos dessa legislação podem ser vistos no aumento de vendas de veículos elétricos, da produção de baterias e da demanda por energia solar, diferentemente dos projetos de captura de carbono via poços de carbono e de produção de hidrogênio, que ainda não foram tão afetados pelos incentivos da lei (Schrodes, 2024)[2]. Ademais, essa lei estabeleceu subsídios protecionistas que afrontariam acordos internacionais, levando a China a iniciar uma disputa em março de 2024 contra os EUA no âmbito da OMC (WTO, 2024).

---

2 Até agosto de 2023.

Na China, por sua vez, foi elaborado o Programa Nacional de Mudanças Climáticas em 2007 pela National Development and Reform Comission (NDRC), e em 2011 questões energéticas e sobre mudanças climáticas foram previstas no 12º Plano Quinquenal (2011-2015), o que incluiu a redução da intensidade energética, o aumento da taxa de energia não fóssil e a redução na intensidade de carbono (Moreira, 2016). No âmbito da propositura do 14º Plano Quinquenal (2021-2025), as metas estabelecidas incluem redução de emissões de CO_2, redução do consumo de energia, expansão da cobertura florestal, aumento da participação de combustíveis não fósseis na matriz energética. Visando alcançar a neutralidade de carbono até 2060, as estratégias ainda incluem a descarbonização do setor de energia, eletrificação, mudança de combustível, sequestro de carbono e gerenciamento da demanda de energia (Dialogue Earth, 2021).

Quantos aos seus planos propriamente econômicos, em termos de política externa, é preciso destacar o The Belt and Road Iniciative de 2013, também chamado de a "nova rota da seda", prevendo investimentos para o desenvolvimento de infraestrutura nas áreas de rodovias, ferrovias, energia e infraestrutura digital e marítima em mais de 150 países. Além dessa iniciativa, é preciso considerar o ambicioso plano Made in China 2025, que tem como foco a consolidação da indústria manufatureira na China para transformá-la, assim, em uma potência global no que se refere às inovações da quarta revolução industrial, especialmente na área de semicondutores e na necessária autossuficiência neste setor.

No âmbito da União Europeia, em fevereiro de 2023 foi apresentado pela Comissão Europeia o Plano Industrial Green Deal (The Green Deal Industrial Plan) visando a transição para a neutralidade climática em termos de "emissões líquidas zero" na Europa e a garantia de cerca de 40% de suas necessidades de equipamentos para energia solar, eólica, baterias, bombas de calor etc. Ele se soma aos programas anteriores Pacto Ecológico Europeu (European Green Deal) — aprovado em janeiro de 2020 e visando o cumprimento das metas do Acordo de

Paris (EU a) — e do REPowerUE — impulsionado pela necessidade de independência energética da Rússia e lançado em maio de 2022 visando poupar energia, produzir energia limpa e diversificar armazenamento energético (EU b) —, e se baseia em quatro pilares: ambiente regulatório previsível e simplificado, aceleração do acesso a financiamento, aprimoramento de habilidade (empregos verdes) e abertura do comércio para cadeias de suprimentos resilientes.

O PLANO DE TRANSFORMAÇÃO ENERGÉTICA BRASILEIRO

Em 2023 foi realizada a COP28, em Dubai, durante a qual foi lançado o Plano de Transformação Ecológica pelo ministro da fazenda, Fernando Haddad. Estruturado em seis eixos, o Plano possui três princípios transversais: geração de trabalho decente e aumento da produtividade, promoção de justiça ambiental e climática e redução de desigualdades. Com esse Plano, o Brasil buscar se unir aos esforços de outros grandes atores globais na implementação de uma agenda climática.

Apresentado como uma das cinco medidas institucionais para a aceleração do crescimento econômico, no âmbito do Novo Programa de Aceleração do Crescimento (PAC), o Plano de Transformação Ecológico foi apresentado pelo Ministro da Fazenda, Fernando Haddad, como tendo o objetivo de fortalecimento dos esforços comuns em relação à transição ecológica, à reindustrialização e ao desenvolvimento com inclusão social e sustentabilidade ambiental, que também recebem destaque.[3] Para o Ministro, o Plano emerge como uma proposta que proporciona uma nova maneira de pensar, governar, empreender, viver e agir ecologicamente que permita a simultaneidade do desenvolvimento econômico e social e da preservação ambiental (Brasil, 2023). Diante das vantagens que o país apresenta em termos de energia limpa, o Presidente Luiz Inácio Lula da

3 Mais especificamente, "emprego e produtividade; sustentabilidade ambiental; justiça social".

Sila sugeriu "aproveitar essa oportunidade histórica para tornar o Brasil a grande potência sustentável do planeta" (Ministério da Fazenda, 2023), o que será realizado por meio do Novo PAC.

O Plano é composto de seis eixos, que serão implementados por meio de vários programas, instrumentos, políticas:

Quadro 1. Plano de Transformação Energética brasileiro

EIXO 1: FINANÇAS SUSTENTÁVEIS	• Mercado regulado de carbono • Títulos soberanos sustentáveis • Taxonomia nacional • Fundo Clima • Reforma Tributária com avanços sociais e de sustentabilidade • Mercado de Capitais: divulgação de informações financeiras relacionadas à sustentabilidade • Medidas para ampliar o financiamento de estados e municípios em projetos ambientais e climáticos • Programa Eco Invest Brasil • Letra de Crédito do Desenvolvimento (LDC)
EIXO 2: ADENSAMENTO TECNOLÓGICO	• Recomposição dos recursos federais para P&D, com destinação para missões claras, integradas com o setor produtivo e voltadas à transformação ecológica • Nova Indústria Brasil, programa de neoindustrialização com missões estratégicas • *Encomendas tecnológicas para impulsionar inovações tecnológicas a partir das missões do programa Nova Indústria Brasil* • Política tarifária, creditícia e de P&D voltada para o impulsionamento de setores estratégicos, com metas, prazos, mapeamento das cadeias e alinhada com a Nova Indústria Brasil • Conteúdo local em compras públicas ligadas à transição energética e mobilidade sustentável • *Núcleos de inovação Tecnológica estruturados nas universidades* • *Formação de mão-de-obra de alto nível para a transformação ecológica* • *Incentivos fiscais voltados à incorporação de cadeias de valor no Brasil* • Taxas de juros competitivas para o financiamento da inovação • Cooperação Internacional com o Instituto Fraunhofer • Novo Marco Legal de Inovação para promover parcerias de pesquisa entre o governo e o mercado

Quadro 1. Plano de Transformação Energética brasileiro (cont.)

EIXO 3: BIOECONOMIA E SISTEMAS AGROALIMENTARES	• Biotecnologia para exploração sustentável dos biomas a partir de investimentos em P&D • Plano Safra mais sustentável e moderno • *Exportação de produtos florestais não-madeireiros* • Ampliação da área de concessões florestais e de unidades de conservação • Incentivo à produtividade por meio da produção de máquinas e equipamentos voltados às necessidades da agricultura familiar • Fundo Internacional para a Preservação de Florestas • Arco da Restauração • *Pagamento por serviços ambientais* • Criação da Estratégia Nacional de Bioeconomia • Modernização Pronaf e aumento dos parâmetros de sustentabilidade
EIXO 4: TRANSIÇÃO ENERGÉTICA	• Programa Mobilidade Verde e Inovação — MOVER, com novas metas para descarbonização, incluindo biocombustível e eletrificação, focado em P&D • Antecipação das metas de mistura obrigatória do biodiesel no diesel • Eletrificação da frota de ônibus para transporte público e escolar, com regras de conteúdo nacional em compras públicas • Descarbonização dos sistemas isolados a partir de integração com sistema nacional e uso de renováveis — Programa Energias da Amazônia • Programa combustível do futuro, incluindo diesel verde, combustível sustentável para aviação, combustíveis sintéticos, captura e estocagem de carbono • Marco legal do hidrogênio de baixa emissão de carbono • *Mandato para diesel verde vinculado a aumento da competitividade* • *Estímulo às diferentes rotas para SAF (combustível de aviação)* • Incentivos à minigeração distribuída limpa • Eólicas em Alto Mar

Quadro 1. Plano de Transformação Energética brasileiro (cont.)

EIXO 5: ECONOMIA CIRCULAR	• Programa de apoio a municípios para ampliar coleta seletiva e uso de biodigestores • Programas abrangentes de estímulo à economia circular no setor industrial (logística reversa, reaproveitamento, revisão do design dos produtos para possibilitar reuso, etc.) • Regulamentação dos certificados de crédito de logística reversa • Concessão de incentivos fiscais à cadeia produtiva da reciclagem • Revisão da tributação e de medidas regulatórias para estimular a circularidade de produtos na economia (reuso, remanufatura, reciclagem, recuperação energética) • *Água e esgoto: expansão da cobertura de saneamento (água e esgoto) e ações para ampliar e otimizar tecnologicamente os processos das estações de tratamento de águas residuais* • Desafios tecnológicos para a reutilização de resíduos e para tratamento dos resíduos orgânicos, como biodigestores • Estratégia Nacional de Economia Circular
EIXO 6: NOVA INFRAESTRUTURA VERDE E ADAPTAÇÃO	• Obras públicas para reduzir riscos de desastres naturais, como deslizamento de encostas e alagamentos • *Resiliência nas grandes obras de infraestrutura do país, incluindo modais de transporte de baixo carbono* • Programas específicos para municípios mais vulneráveis segundo CEMADEN • Estratégia para a segurança e resiliência agropecuária, energética e sanitária

OBS.: Os programas, instrumentos e políticas em itálico referem-se aqueles que ainda estão aguardando desenho e implementação.

Dentre as especificas ações estratégicas de cada eixo, chamo a atenção para: nova política neoindustrial, retomada dos investimentos do Fundo Nacional de Desenvolvimento Científico e Tecnológico com foco em missões tecnológicas para desafios nacionais (na ordem de mais de R$ 10 bilhões anuais) e a nova política industrial para veículos elétricos (com vistas a internalização gradual da produção).

Quanto à fabricação dos semicondutores, que são dispositivos essenciais para os produtos eletrônicos modernos como chips, placas fotovoltaicas (solar), LEDs etc., no bojo da política industrial "Nova Indústria Brasil", lançada em janeiro de 2024, a "missão estratégica" é garantir R$2,1 bi em isenção tributária para estimular produção de semicondutores e painéis fotovoltaicos. Ademais, foi revertido o processo de extinção do Centro Nacional de Tecnologia Eletrônica Avançada (Ceitec), uma estatal federal e única fabricante de microchips do país localizada em Porto Alegre, e que desempenhará um papel central no avanço da produção de semicondutores no país; inclusive, também o estado do Rio Grande do Sul considera a atuação da Ceitec no programa estadual "Semicondutores RS" que prevê mais de R$ 70 milhões em investimentos no setor até 2026, um valor inexpressivo diante dos aportes estatais dos demais atores globais, no entanto. Nesse sentido, a secretária de Inovação, Ciência e Tecnologia do Rio Grande do Sul, Simone Stülp, reconhecendo a centralidade dos semicondutores em nossas vidas, afirmou que "ter uma cadeia estabelecida na área é fundamental para o estado e país, para que a gente possa se posicionar em termos geopolíticos mundiais" (G1, 2023). A despeito da importância da reativação da Ceitec para investir na fabricação desta tecnologia, o atual nível tecnológico dos seus chips — fabricados para monitoramento de bois — ainda está longe do alto nível necessário para fabricar chips para veículos elétricos, como reconhece o próprio Ministério da Ciência, Tecnologia e Inovação: "Com investimento e transferência de tecnologia, o país poderia começar a fabricar chips de 14 nanômetros para abastecer a indústria automobilística doméstica em um prazo entre 10 e 15 anos" (Góis, 2023).

A Nova Indústria Brasil, que alinha o Brasil aos demais atores internacionais no sentido de reposicionar novamente o Estado interventor na cena econômica, também prevê como uma de suas missões tecnologias de interesse para a soberania e defesa nacionais cuja meta é alcançar autonomia na produção de 50% das tecnologias críticas prioritárias como o desenvolvimento de energia nuclear, sistemas de comunicação e sensoriamento, sistemas de propulsão e veículos autônomos e remotamente controlados. Disso se extrai que, em termos de soberania e segurança, o país está ainda longe de alcançar autonomia. É somente a partir da leitura do Plano de Ação para a Neoindustrialização 2024-2026 que vemos a importância dada pelo governo à missão 5 intitulada "Bioeconomia, descarbonização e transição e segurança energéticas para garantir os recursos para as gerações futuras", especificamente a um de seus instrumentos para alcançá-la, qual seja, o "Apoio à Economia Verde, valorização da Amazônia, atração de investimentos nessa indústria nascente e posicionamento do Brasil frente ao mundo". Na avaliação do impacto dessas estratégias, consta o seguinte comentário: "aproveitamento da oportunidade de inserção do Brasil da geopolítica internacional" (Brasil, 2024, p.89).

O desenvolvimento das energias limpas e renováveis visariam tanto o abastecimento interno, quanto a exportação no caso do diesel verde e do hidrogênio verde, em substituição ao lugar que a exportação de soja ocupa hoje. Isso estaria em acordo com a intenção de quebrar o "molde do subdesenvolvimento" brasileiro, em favor da substituição de exportações de produtos primários, minérios brutos e hidrogênio produzido com equipamentos importados, por exportações de biotecnologia (fármacos e cosméticos), bens manufaturados (baterias) e manufatura de baixo carbono (aço verde), respectivamente.

À GUISA DE CONCLUSÃO

Em comparação às políticas que vem sendo adotadas pelos Estados Unidos e União Europeia com foco na soberania nacional por meio da independência tecnológica e energética para, assim, garantir uma posição geopolítica privilegiada, o Brasil parece caminhar na direção mais próxima ao plano chinês. Enquanto nos planos brasileiro e chinês a referência ao "desenvolvimento (socioeconômico)" é constante, no caso dos EUA e União Europeia o termo aparece mais relacionado à ideia restrita de desenvolvimento tecnológico ou de mercados, ficando mais evidente a utilização dos termos investimentos e financiamento, o que pode sugerir distintas ideologias. Se no caso chinês o dualismo de suas políticas econômicas faz com que a expansão do seu mercado externo, e sua posição geopolítica, ocorra sustentado pelos excedentes do desenvolvimento interno, no caso brasileiro a balança parece pesar mais para o desenvolvimento interno do que para a busca de uma posição privilegiada como ator geopolítico. Isso é, pode-se afirmar que o Brasil ainda pressupõe uma separação das políticas externa e interna, diferentemente dos demais atores, China inclusive.

A despeito de alguns progressos nas iniciativas verdes, o presidente Lula parece ainda estar "determinado a utilizar os recursos fósseis para impulsionar o desenvolvimento" (Jurema, 2024) — como se vê no apoio à proposta da Petrobrás de exploração de petróleo na foz do rio Amazonas —— afirmando que não iremos "desperdiçar nenhuma oportunidade de crescer" (Jurema, 2024). Sendo a China o principal cliente petrolífero do Brasil[4], e considerando o plano do Estado chinês de atingir o pico de consumo de petróleo até 2030 e neutralidade até 2060, além da intenção de ambos os países de configurar as políticas ecológica em políticas de desenvolvimento socioeconômico, e considerando que, de acordo com o secretario estadunidense, a hegemonia é a disposição dos outros de seguir e a capacidade de definir agendas, pressupondo que os EUA liderariam esses processos, talvez não seja possível desconsiderar a liderança chinesa e o fato de o Brasil parecer estar seguindo sua liderança no que se refere à manutenção da exploração de combustíveis fósseis ao menos no curto prazo, sobrepondo, ainda, seu "desenvolvimentismo nacional" às políticas climáticas (Jurema, 2024).

---

4 Em 2024, a China ficou com cerca de 46% do petróleo exportado pelo Brasil, seguida dos EUA com 13,1% e Espanha com 10,2%, conforme Boletim de Exploração e Produção de Petróleo e Gás Natural n.4, de novembro de 2024, do INEEP.

Será preciso acompanhar o comportamento do governo brasileiro para saber como será enfrentado o dilema de ser uma liderança climática e um reiterado explorador de petróleo. A justificativa, retórica ou não, para a manutenção da exploração do petróleo sugere um debate sobre injustiça climática, uma vez que aos países em desenvolvimento é demandada a paralização da exploração de combustíveis fósseis antes destes terem alcançado um alto nível de desenvolvimento tal qual os países desenvolvidos, que por 200 anos se industrializaram às bases da exploração destes combustíveis. Diante disso, a questão que se apresenta é saber se no caso da emergência climática, será possível implementar de forma justa as medidas necessárias para o seu enfrentamento, considerando que toda emissão de gases do efeito estufa pode contribuir para as mudanças climáticas, já que a atmosfera não é delimitada por paredes nacionais.

REFERÊNCIAS

ANDERSON, G. "Strategies of denial". *In*: *Sidecar*. 2023. Disponível em: **https://newleftreview.org/sidecar/posts/strategies-of-denial.** Acesso em: 09 abr 2025.

APELDOORN, B. van; NANÁ, G. de. "The state in global capitalism before and after the Covid-19 crisis". *In*: *Contemporary Politics*, vol. 28, 2022: 306–27.

DOMINGUES, J. M. "Do risco global à ameaça global: capacidades estatais e modernidade em tempos de coronavírus ([2020] 2022)". *In*: *Da pandemia à mudança climática*. Rio de Janeiro: Mórula, 2024.

DOMINGUES, J. M. "Post-pandemic tendencies and the phases of modernity". *In*: *Global Dialogue*, vol. 13, 2023. Disponível em: **https://globaldialogue.isa-sociology.org/uploads/imgen/3326-v13i1-english.pdf.** Acesso em: 09 abr 2025.

DURAND, C. "The end of financial hegemony?". *In*: *New Left Review*, no. 138, 2022. Disponível em: **https://newleftreview.org/issues/ii138/articles/cedric-durand-the-end-of-financial-hegemony**. Acesso em: 09 abr 2025.

GERBAUDO, P. "O estranho retorno do Estado intervencionista". *In*: *Global Dialogue*, vol. 14, 2024. Disponivel em: **https://globaldialogue.isa-sociology.org/uploads/imgen/3496-v14i1-portuguese.pdf**. Acesso em: 09 abr 2025.

MCNEILL, J. R.; ENGELKE, Peter. *The Great Acceleration*: An Environmental History of the Anthropocene since 1945. Harvard, MA: The Belknap Press of Harvard University Press, 2014.

PITTS, F. H.. "New cold war or "world civil war"? Wertkritik and the critical theory of capitalism in an age of conflict". *In*: *European Journal of Social Theory*, vol. 27, 2024: 579-601.

JUREMA, B. "Green Brazil?". *In*: *Sidecar*, 19 set 2024. Disponível em: **https://newleftreview.org/sidecar/posts/green-brazil**. Acesso em: 28 set 2024.

MOREIRA, H. M.; RIBEIRO, W. C. "A China na ordem ambiental internacional das mudanças climáticas". *In*: *Estudos Avançados*, vol. 30, 2016: 213–234.

PRIDDLE, A. "What happened with the semiconductor chip shortage — and how and when the auto industry will emerge". *In*: *Motor Trend*, 27 dez 2021. Disponível em: **https://www.motortrend.com/news/automotive-car-industry-semiconductor-chip-shortage-reasons-solution/**. Acesso em: 09 abr 2025.

ROBERTS, M. "Modern supply-side economics and the New Washington Consensus". *In*: *The Next Recession*, 2023. Disponível em: **https://thenextrecession.wordpress.com/2023/06/08/modern-supply-economics-and-the-new-washington-consensus/**. Acesso em: 09 abr 2025.

WILLIAM, J. R.; WOLF, C.; NEWSOME, T. M.; BARNARD, P.; MOOMAW, W. "World scientists' warning of a climate emergency". *In*: *BioScience*, vol. 70: 8–12.

NOTÍCIAS E LEGISLAÇÕES

AGÊNCIA BRASIL. Entenda o programa Nova Indústria Brasil, 22 jan 2024. Disponível em: **https://agenciabrasil.ebc.com.br/economia/noticia/2024-01/entenda-o-programa-nova-industria-brasil**. Acesso em: 29 set 2024.

BRASIL. Ministério do Desenvolvimento, Indústria, Comércio e Serviços. Nova indústria Brasil — Nova indústria Brasil — forte, transformadora e sustentável: Plano de Ação para a neoindustrialização 2024-2026. Brasília: CNDI, MDIC, 2024,102 p.

BRASIL. Brasil entra na produção de semicondutores. *Ministério da Ciência, Tecnologia e Inovação.*

BRASIL. Haddad apresenta o Plano de Transformação Ecológica para acelerar crescimento econômico, *Ministério da Fazenda,* 14 ago 2023. Disponível em: **https://www.gov.br/fazenda/pt-br/assuntos/noticias/2023/agosto/haddad-apresenta-o-plano-de-transformacao-ecologica-para-acelerar-crescimento-economico**. Acesso em: 28 set 2024.

CLIMATE ACTION TRACKER. China, 17 set 2024. Disponível em: **https://climateactiontracker.org/countries/china/**. Acesso em: 28 set 2024.

DIALOGUE EARTH. 14º Plano Quinquenal é confuso sobre trajetória climática da China, 10/03/2021. Disponível em: **https://dialogue.earth/pt-br/clima/41252-14o-plano-quinquenal-e-confuso-sobre-trajetoria-climatica-da-china/**. Acesso em: 28 set 2024.

EUA. INFLATION REDUCTION ACT OF 2022, 22 set 2023. Disponível em: **https://www.energy.gov/lpo/inflation-reduction-act-2022**. Acesso em: 28 set 2024.

EUROPEAN UNION (a). REPowerEU: Affordable, secure and sustainable energy for Europe. Disponível em: **https://commission.europa.eu/strategy-and-policy/priorities-2019-2024/european-green-deal/repowereu-affordable-secure-and-sustainable-energy-europe_pt**. Acesso em: 28 set 2024.

EUROPEAN UNION (b). The European Green Deal: Striving to be the first climate-neutral continent. Disponível em: **https://commission.europa.eu/strategy-and-policy/priorities-2019-2024/european-green-deal_en**. Acesso em: 28 set 2024.

G1. Entenda como será a retomada da Ceitec, estatal fabricante de microchips em Porto Alegre, 14 nov 2023. Disponível em: **https://g1.globo.com/rs/rio-grande-do-sul/noticia/2023/11/14/entenda-como-sera-a-retomada-da-ceitec-estatal-fabricante-de-microchips-em-porto-alegre.ghtml**. Acesso em: 28 set 2024.

GÓIS, A. C. Semicondutores: Brasil ganha importância na disputa entre EUA e China, 07 de mar de 2023. Disponível em: **https://www.tecmundo.com.br/mercado/261444-semicondutores-brasil-ganha-importancia-disputa-entre-eua-china.htm**. Acesso em 15 mai 2025.

HUBER, M. Como o Green New Deal se tornou a Lei de Redução da Inflação e perdeu sua alma, *Revista Movimento*, 22 ago 2022. Disponível em: **https://movimentorevista.com.br/2022/08/como-o-green-new-deal-se-tornou-a-lei-de-reducao-da-inflacao-e-perdeu-sua-alma/**. Acesso em: 28 set 2024.

MINISTÉRIO DA FAZENDA. Haddad apresenta o Plano de Transformação Ecológica para acelerar crescimento econômico, *Agência Brasil*, 14 ago 2023. Disponível em: **https://www.gov.br/fazenda/pt-br/assuntos/noticias/2023/agosto/haddad-apresenta-o-plano-de-transformacao-ecologica-para-acelerar-crescimento-economico**. Acesso em: 15 mai 2025.

PORCELLA, I. EUA: Senado aprova pacote de infraestrutura de US$ 1,2 tri; texto vai à Câmara, *CNN Brasil*, 10 ago 2021. Disponível em: **https://www.cnnbrasil.com.br/economia/macroeconomia/senado-dos-eua-aprova-pacote-de-infraestrutura-de-us-1-2-tri-texto-vai-a-camara/**. Acesso em: 28 set 2024.

SCHRODERS. Um ano depois da Lei de Redução da Inflação — quem são os vencedores e perdedores?, 06 ago 2024. Disponível em: **https://www.schroders.com/pt-br/br/investidores/insights/um-ano-depois-da-lei-de-reducao-da-inflacao-quem-sao-os-vencedores-e-perdedores/**. Acesso em: 28 set 2024.

STEINWEHR, U. Análise: a China é mesmo a principal vilã do aquecimento global? *Brasil de Fato*, 06 jul 2021. Disponível em: **https://www.brasildefato.com.br/2021/07/06/analise-a-china-e-mesmo-a-principal-vila-do-aquecimento-global**. Acesso em: 28 set 2024.

TRANSIÇÃO ENERGÉTICA. IRA estimula investimentos para a transição energética nos EUA. Disponível em: **https://emaisenergia.org/blog/ira-estimula-investimentos-para-a-transicao-energetica-nos-eua/?cn-reloaded=1**. Acesso em: 28 set 2024.

WORLD TRADE ORGANIZATION. China initiates dispute regarding US tax credits for electric vehicles, renewable energy, 28 mar 2024. Disponível em: **https://www.wto.org/english/news_e/news24_e/ds623rfc_28mar24_e.htm**. Acesso em: 28 set 2024.

A NOVA INDÚSTRIA BRASIL: POR QUE É RELEVANTE NO CONTEXTO DA CRISE CLIMÁTICA?

Fernanda Feil
Carmem Feijó
Fernando Teixeira

INTRODUÇÃO

A crise ambiental é multifacetada, abrangendo além da dimensão climática, as dimensões sociais e econômicas. A crise ambiental se manifesta por meio de uma acentuada perda de biodiversidade, crescente poluição, aquecimento global e o agravamento das desigualdades socioeconômicas. O Painel Intergovernamental sobre Mudanças Climáticas (IPCC) ressalta a urgência de se adotar intervenções decisivas para mitigar os impactos negativos dessa crise. A presente década, de 2020 a 2030, configura-se como um período crítico, frequentemente referido como a década decisiva para a ação climática (Marques, 2023). Consoante o estabelecido pelo Acordo de Paris, torna-se imperativo limitar o aumento da temperatura global a, no máximo, 2°C acima dos níveis pré-industriais, uma vez que o objetivo de conter esse aumento em até 1,5°C já se mostra potencialmente inalcançável.

Embora os países já tenham intensificado seus esforços em direção à transição verde sustentável[1] via acordos internacionais e planos nacionais, incentivando a adoção de práticas alinhadas com a neutralidade de carbono, o modelo econômico e a convenção financeira neoliberal predominante têm se mostrado incompatíveis com as medidas e ações necessárias. A execução das metas ambientais apresenta desafios intrincados, visto que a obtenção da neutralidade de carbono deve estar alinhada ao desenvolvimento econômico e ao crescimento inclusivo. Essa conjuntura exige um manejo prudente dos riscos associados a intervenções precipitadas ou descoordenadas e daqueles advindos de ações tardias ou insuficientes. Uma transição desorganizada poderia resultar em sérios problemas socioeconômicos, com potencial para induzir impactos negativos generalizados na economia e na sociedade, propiciando uma resistência que poderia retardar significativamente o processo de transição.

Paralelamente, a transição verde sustentável implica redirecionar os investimentos para fomentar inovações que reforcem a resiliência, mitigação e adaptação à crise, bem como promover o desenvolvimento e a mobilização de tecnologias verdes. À medida que a necessidade de uma economia neutra em carbono se torna premente, investimentos tradicionalmente alocados em indústrias marrons tornam-se insustentáveis e arriscados, tanto do ponto de vista ambiental quanto financeiro. Idealmente, recursos financeiros devem ser redirecionados para setores que oferecem soluções inovadoras em resposta a tripla crise, como uma nova indústria, energia renovável, eficiência energética,

---

1 A transição verde sustentável é caracterizada por uma redução na heterogeneidade estrutural e um aprimoramento na densidade produtiva. Visa alcançar uma redução significativa nas desigualdades territoriais, setoriais e sociais. Essa transição envolve uma reconfiguração abrangente dos sistemas de produção, padrões de consumo e estratégias de investimento para alinhar-se com princípios ambientalmente sustentáveis e socialmente inclusivos. Implica mover-se de atividades intensivas em recursos e altas em carbono para processos mais limpos, verdes e eficientes em termos de recursos.

infraestrutura verde e outras tecnologias que contribuem para a sustentabilidade ambiental. Assim, a crise ambiental acarreta uma transformação significativa na alocação de capital, priorizando investimentos que apoiem a adaptação às novas condições ambientais e a transição para uma economia global mais resiliente e sustentável (Feil; Feijó, 2022).

Isso implica dizer que a crise impõe a necessidade de uma transformação estrutural produtiva e de consumo. As práticas atuais de produção inevitavelmente resultam em uma exploração excessiva dos recursos naturais, com a natureza servindo como depósito para os resíduos gerados pela produção de bens e serviços. Esta é uma característica inerente ao modo de produção atual, que requer uma revisão para evitar a perpetuação da insustentabilidade (Saad-Filho; Feil, 2023).

No caso da economia brasileira, estagnada há mais de quatro décadas, uma mudança estrutural com viés de mitigar os efeitos da transição verde sustentável deve ser vista como uma oportunidade de recuperar o dinamismo perdido. Nesse sentido, entende-se que uma nova indústria é essencial. Do ponto de vista da recuperação do dinamismo econômico, o setor industrial manufatureiro é o que apresenta mais conexões diretas e indiretas na matriz produtiva e exibe maiores economias de escala estáticas e dinâmicas, além de incorporar e disseminar o progresso técnico mais rapidamente. Essas características permitem que os ganhos de produtividade na indústria e nos serviços a ela associados se espalhem por toda a economia, aumentando a produtividade agregada. Um país que ainda não completou seu processo de industrialização, internalizando a produção de progresso técnico por meio da presença de setores e atividades tecnologicamente avançados, exibe baixa produtividade agregada em comparação com países de fronteira e tende a perder competitividade ao longo do tempo. O mesmo é observado no caso de um país que recua prematuramente do processo de industrialização. Esse é o caso da economia brasileira, que acentua sua desindustrialização nos anos 2000 e se especializa ainda mais na produção de bens intensivos em recursos naturais.

Dados os enormes desafios enfrentados para a transição ambiental, bem como a demanda de desenvolvimento, a meta de se reindustrializar na década de 2020 deve, além de propor modernizar o parque industrial com processos produtivos mais sofisticados e avançar na incorporação de setores e atividades de maior complexidade tecnológica, também garantir um processo de transição verde sustentável que permita a mudança estrutural da economia. As vantagens em se investir em processos industriais sustentáveis e em tecnologias avançadas têm potencial de reduzir o impacto ambiental da produção industrial, criar empregos de qualidade e aumentar a competitividade dos produtos brasileiros no mercado internacional, e contribuir para a redução da restrição externa ao crescimento.

Porém, decisões de investimento com horizonte longo de tempo demandam um ambiente macroeconômico propício e estável, com espaço de política para decisões públicas discricionárias. Assim, do ponto de vista da política econômica, o desafio de promover uma mudança estrutural com sustentabilidade ambiental e maior competitividade externa é grande, pois trata-se de implementar políticas industriais bem direcionadas, sintonizadas com uma política macroeconômica bem-calibrada no sentido de permitir a retomada do investimento produtivo público e a atração de investimentos privados. Isso implica dizer que o modelo do tripé macroeconômico, com foco na estabilidade de preços, que vigora na economia brasileira desde 1999, precisa ser flexibilizado e incorporar novos e dinâmicos instrumentos de intervenção.

Em suma, o foco excessivo na estabilidade monetária não leva em consideração os benefícios a longo prazo que a industrialização verde e sustentável pode trazer para a economia. À luz da literatura da macroeconomia estruturalista, que advoga a favor da industrialização como forma de alavancar o crescimento de economias periféricas, a discussão sobre a neoindustrialização da economia brasileira implica analisar a ampliação do espaço de política para a implementação de políticas industriais que restaurem o dinamismo da indústria, por meio da recuperação da taxa de investimento da economia. Para que esse movimento venha a ocorrer é necessário que se supere o debate sobre qual deveria ser o tamanho do Estado, colocando em seu lugar quais deveriam ser as capacidades estatais a serem desenvolvidas para a promoção de uma nova onda de industrialização no país, que seja socialmente e ambientalmente sustentável. O papel da política industrial com vistas a reindustrialização é interpretado como necessário para dar sustentação a decisões de investimento com elevado grau de incerteza.

Este capítulo está organizado em quatro seções principais, além desta introdução e de um segmento conclusivo. A primeira seção oferece uma breve análise da estagnação brasileira e da perda de importância da indústria de transformação. Na seção seguinte, o foco se desloca para a questão da desindustrialização e crise ambiental. A seção três elabora o conceito de neoindustrialização como âncora para decisões de longo prazo e a seção quatro interpreta a Nova Indústria Brasil como parte de uma convenção de desenvolvimento sustentável.

A ESTAGNAÇÃO DA ECONOMIA BRASILEIRA: ALGUNS FATOS MARCANTES

A estagnação da economia brasileira pode ser ilustrada com a Tabela 1, que compara as taxas médias de crescimento do PIB do Brasil e do mundo em duas fases: de rápido crescimento (1950-1980) e de estagnação relativa (1981-2022). Do pós-guerra até o fim dos anos 1970, a economia brasileira foi uma das que mais cresceu. Esse período coincide com a fase de industrialização acelerada, liderada por planos econômicos de desenvolvimento. Porém, a estratégia de financiamento foi a de absorção de poupança externa, expondo a economia às vicissitudes do mercado financeiro internacional. Quando a crise da dívida externa mexicana eclode, em 1981, afeta toda a América Latina, e no caso do Brasil implicou o abandono da estratégia de industrialização. A partir da abertura econômica nos 1990, o ritmo de crescimento da economia brasileira se arrefece, e no período 1981-2022, a taxa média de crescimento do PIB é inferior à média mundial.

Tabela 1. Taxa de crescimento média anual do PIB, períodos selecionados (%)

PERÍODO	BRASIL	MUNDO
1950-1980	7,4	4,5
1981-2022	2,2	3,0

FONTE: IBGE e WDI

A perda gradual de dinamismo da economia brasileira está associada ao processo de desindustrialização. O Gráfico 1, comparando a evolução da taxa de crescimento do PIB da indústria de transformação e do PIB da economia desde 1946, mostra que, desde o final dos anos 1990 e por toda a década de 2000, o crescimento da indústria de transformação vem perdendo fôlego para liderar o crescimento da economia. A partir de 2010, a indústria de transformação deixa de ser o setor mais dinâmico.

Gráfico 1. Índice de crescimento do PIB real: Total da Economia e Indústria de Transformação

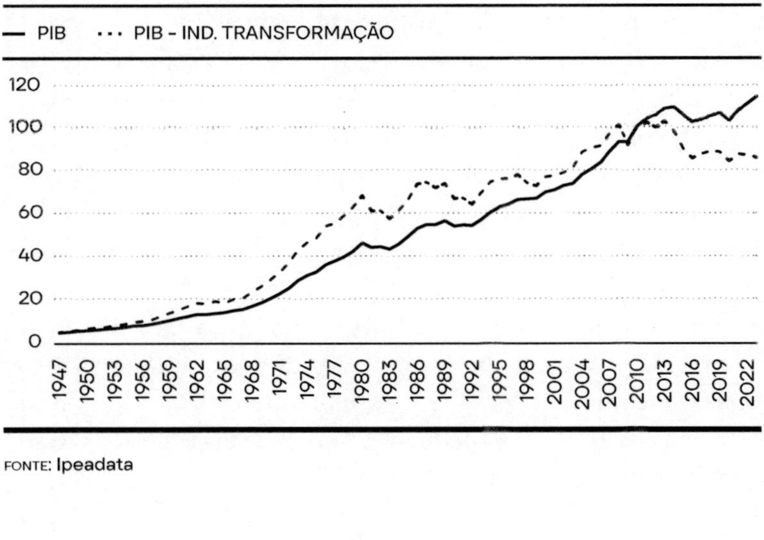

FONTE: Ipeadata

Assim, a fase de menor ritmo de crescimento do PIB coincide com a perda de participação da indústria manufatureira no valor adicionado total, que vem ocorrendo desde os anos 1990. Em 2000, segundo as contas nacionais (IBGE), a indústria de transformação respondia por 15,3% do valor adicionado da economia, percentual que pouco varia até 2010, quando atinge a 15,0% e se retrai para 12,3% em 2020. De 2000 a 2020 os setores de agropecuária e de indústrias extrativas, por sua vez, ganharam peso, passando de 6,9% para 9,5% do PIB.

Do lado da demanda agregada, o processo de desindustrialização pode ser associado a uma baixa taxa de investimento da economia. O Gráfico 2 mostra a evolução da taxa de investimento pública e privada como proporção do PIB desde 2000. Uma primeira observação é que a taxa de investimento é muito baixa; atingiu 18% entre 2000 e 2020, enquanto nos países de renda média-alta, entre os quais está incluído o Brasil, a proporção é de 35%. Observa-se também que as taxas de investimento agregada e pública declinam a partir de meados de 2010, coincidindo com a política de austeridade fiscal implementada a partir de 2014. A evolução das taxas também sugere elevada correlação entre o investimento público e privado, ou seja, observa-se um efeito *crowding-in* do investimento público.[2]

2 Outro limitador à recuperação da taxa de investimento é o financiamento público do BNDES, que declina acentuadamente a partir de meados dos anos 2010. O declínio no financiamento do BNDES está associado à mudança de política de financiamento do banco, com o fim da TJLP, uma taxa de juros subsidiada para empréstimos de longo prazo, pela TLP, uma taxa de juros que acompanha a taxa de juros de mercado e apresenta alta volatilidade, desestimulando a demanda por financiamento, em 2018.

Gráfico 2. Taxa de investimento total e público como proporção do PIB (%)

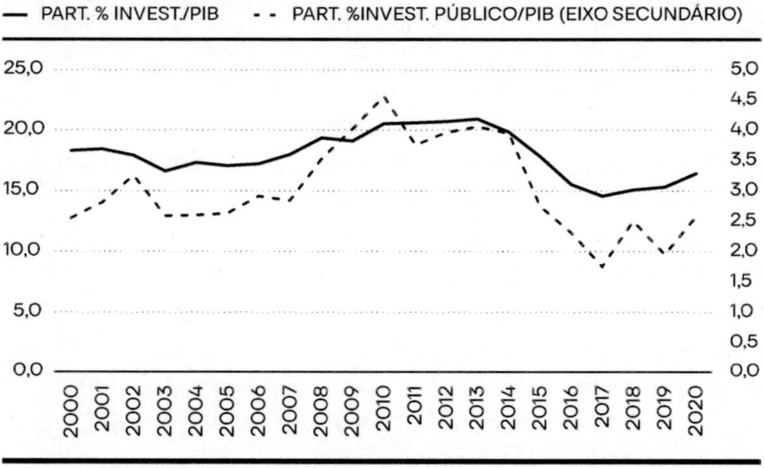

Fonte: Observatório de política Fiscal (IBRE-FGV)

Em suma, não só o volume de investimento em capital fixo se situa em nível baixo, como pode-se supor que também a alocação não se destine a aumentar a diversificação da estrutura produtiva.

REGRESSÃO PRODUTIVA E CRISE CLIMÁTICA

Atualmente, a economia brasileira está com maior especialização na produção de bens intensivos em recursos naturais, o que expõe a base produtiva do país a maiores riscos físicos com origem na crise climática. A crise climática tende a afetar desproporcionalmente estruturas produtivas dependentes de *commodities* e com baixa especialização tecnológica, o que se agrava pelos riscos físicos e de transição. A inter-relação entre mudanças climáticas e a atividade econômica é complexa, mas as evidências indicam que o Brasil, como um dos principais produtores agrícolas globais, enfrentará desafios substanciais no futuro próximo.

A crise coloca em risco a produtividade agrícola, especialmente em culturas sensíveis à variação climática, como soja, milho, café e cana-de-açúcar. Um estudo de Zilli, Scarabello, *et al.* (2020) revela que, até 2050, a produção de soja e milho no Brasil pode sofrer redução considerável devido ao aumento da temperatura e à diminuição da precipitação nas principais áreas produtoras do Centro-Oeste e Sudeste. O café, uma das principais exportações agrícolas do Brasil, também será gravemente afetado. Adicionalmente, o Brasil pode sofrer com insegurança alimentar em função da queda da área agriculturável. A Região Nordeste do Brasil, que já é vulnerável à seca, poderá ver uma intensificação desse fenômeno, prejudicando a agricultura de subsistência e exacerbando a pobreza e a desigualdade regional (IPCC, 2023).

Outro elemento importante a ser considerado é que a especialização na exportação de produtos intensivos em recursos naturais, dentro de um contexto de integração financeira subordinada, tem levado à financeirização das empresas ligadas à própria exploração desses produtos. No que diz respeito ao agronegócio, a financeirização tem impulsionado a expansão de empresas agrícolas,[3] em particular nas regiões de

3 A financeirização da empresa agrícola ocorre, por exemplo, com a entrada de fundos de pensão e de investimentos nos negócios da cadeia agropecuária. Os fundos financeiros podem participar na cadeia produtiva de várias formas: diretamente na aquisição de terras ou no arrendamento de propriedades; no financiamento de máquinas e insumos e nos mecanismos de estocagem e comercialização do produto. A garantia do financiamento em cada etapa seria o produto final. Assim, a financeirização da cadeia produtiva permite a multiplicação de títulos relacionados a um mesmo produto.

expansão da fronteira. Não por acaso, a maior contribuição à emissão de GEE, no caso brasileiro, tem origem no uso do solo e no desmatamento.[4]

A título de ilustração, o Gráfico 3 registra desde 1990 a evolução das emissões de CO_2 e por tipo de atividade. Observa-se que a partir de 2003 as emissões decrescem em todas as categorias e voltam a subir a partir de meados dos anos 2010. A maior emissão se observa no Uso da Terra e Florestas, que contribuiu com quase a metade do total de GEE em 2022.

Para alcançar uma transição verde sustentável, isto é, um círculo virtuoso de crescimento sustentável, com investimentos verdes e diversificação produtiva, deve-se identificar setores estratégicos para investimento público e fornecer incentivos direcionados. Decisões de investimento nesse contexto devem ser informadas por uma taxa de retorno social, em que projetos são avaliados com base em seu impacto no desenvolvimento, bem-estar, meios de subsistência, direitos humanos, viabilidade financeira, sustentabilidade ecológica, externalidades e sua contribuição para a diversificação e crescimento de longo prazo. Tais iniciativas exigem planejamento estatal abrangente, regulação, financiamento adequado e monitoramento rigoroso de desempenho. Elas devem ser sustentados por políticas fiscais, monetárias e

---

4 Soares (2023) analisa o processo de financeirização de grandes empresas ligadas à agropecuária e constata que o avanço da financeirização se dá com o aumento da diversificação de instrumentos financeiros e o número de investidores institucionais na aquisição de propriedades rurais e na produção agrícola brasileira. Uma característica da financeirização das grandes empresas ligadas à exploração de recursos naturais é que a geração do seu lucro está mais ligada às condições de financiamento para a produção do produto que dependem de expectativas de preços formados em bolsas de mercadorias, do que da entrega do produto em si e do seu destino. Ademais, no caso brasileiro, o agronegócio sofre pouca ou nenhuma tributação, e as empresas de fundos financeiros que financiam o agronegócio também se beneficiam de isenções e subsídios dados pelo governo. A literatura sobre a financeirização no campo é vasta. Ver, por exemplo, Delgado, 2012; Balestro e Lourenço, 2014; Kato e Leite, 2020, Delgado e Leite, 2023, dentre outros.

Gráfico 3. Emissões de tCO_2e por setor: 1990 a 2021. Em bilhões de toneladas

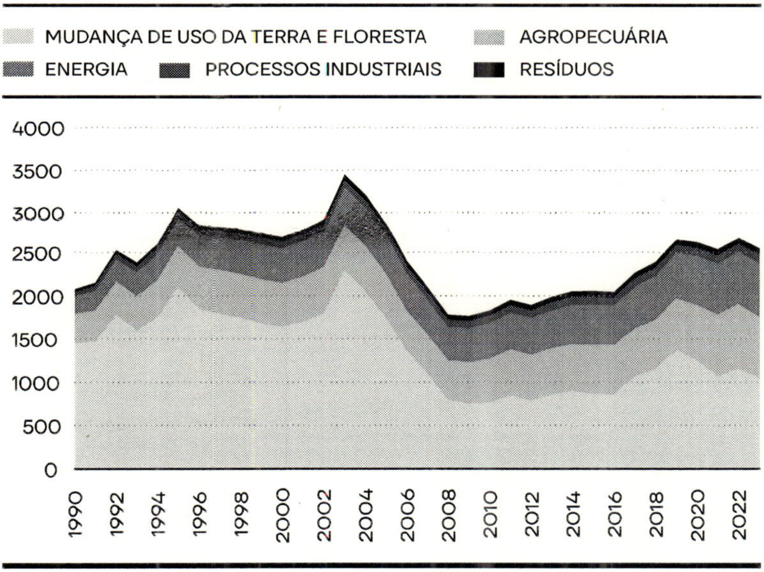

FONTE: Sistema de Estimativa de Emissão de Gases — SEEG (Observatório do Clima)

financeiras acolhedoras. Essa abordagem é condição necessária para o sucesso em fomentar um crescimento econômico sustentável e inclusivo e permitir que economias fortemente dependentes de setores primários intensivos em recursos naturais naveguem de forma eficaz pelo caminho complexo em direção à transição sustentável. A condição suficiente requer uma mudança de foco de práticas intensivas em recursos tradicionais para atividades econômicas inovadoras, limpas e sustentáveis, ou seja, que se transite para a mudança estrutural ambientalmente sustentável (Saad-Filho; Feil, 2023).

A discussão acima aponta, portanto, na direção da importância da neoindustrialização da economia brasileira para criar os alicerces para o desenvolvimento econômico e social e agora também o ambiental de forma sustentável. Entre outras medidas, deve-se considerar o potencial dos setores produtores de *commodities* agrícolas e minerais em avançar no sentido de atividades a jusante e a montante de maior valor adicionado, gerando maior resiliência da produção aos efeitos do clima. Ou seja, em grandes linhas, o investimento produtivo deve buscar diversificar a cadeia produtiva de *commodities* e reduzir o impacto nas emissões que contribuem para o aquecimento global.

NEOINDUSTRIALIZAÇÃO: POLÍTICA INDUSTRIAL COMO ÂNCORA PARA EXPECTATIVAS DE LONGO PRAZO

O processo de neoindustrialização da economia brasileira implica a implementação de políticas industriais em um ambiente macroeconômico onde a taxa de juros real se situe abaixo da taxa de retorno sobre o capital fixo e a taxa de câmbio se situe em nível competitivo. Ademais, a neoindustrialização nos anos 2020 ocorrerá em um contexto de transição verde sustentável, que agrega novos desafios às decisões de investimento com horizonte longo de tempo. Esses desafios estão associados às incertezas quanto aos retornos esperados em relação às mudanças climáticas e seus impactos sobre a estrutura produtiva. Assim sendo, a política industrial surge como um instrumento importante para despertar o "*animal spirits*" do setor privado.

Na perspectiva da discussão da economia brasileira, o projeto de neoindustrialização deve contemplar tanto políticas de curto prazo, que construam o ambiente propício à retomada do investimento produtivo, como políticas estruturantes, como a proposta pela neoindustrialização. Assim, por um lado, o modelo do tripé macroeconômico, para ser consistente com o projeto de neoindustrialização, deve ser flexibilizado para acomodar metas de crescimento puxado pela recuperação da taxa de investimento pública e privada e direcionada para a transformação produtiva na direção da produção de bens de maior valor adicionado e com eficiência ambiental.

Por outro lado, as políticas industriais devem ser coordenadas entre as várias esferas das administrações públicas para construírem a base de confiança necessária para induzir as decisões privadas de investimento e de financiamento com horizonte de longo prazo. Vale lembrar que Keynes (1997) apontou como decisões de longo horizonte em um ambiente de incerteza não probabilística são apoiadas em "convenções" (crenças compartilhadas) que são construídas com regras, hábitos e instituições que restringem o impacto da incerteza. Nessa perspectiva, pode-se sugerir que a transição verde sustentável pressupõe ações sinérgicas entre entidades públicas e um setor industrial privado diversificado. Requer uma mudança de paradigma na ação governamental, afastando-se da mera meta de alívio econômico para ativamente mudar a arquitetura de produção para uma transformação estrutural sustentável. A convenção para o desenvolvimento sustentável posiciona o governo como o agente central na promoção da transformação estrutural necessária para alcançar a transição sustentável.

O conceito do "Estado Empreendedor", conforme articulado por Mazzucato (2012), é fundamental nesse contexto. O Estado deve agir de forma decisiva, moldando mercados, assumindo riscos e, assim, gerando a nova convenção. A transição verde sustentável requer uma transformação do mercado, abrangendo tanto a demanda quanto a oferta. É o papel do Estado influenciar a estrutura e o funcionamento dos mercados e, assim, induzir os investimentos do setor privado, liderando a convenção de desenvolvimento sustentável.

Dada a atual estrutura produtiva e inserção comercial, pelo menos duas estratégias setoriais para a neoindustrialização, além da exploração de novos minerais, podem ser identificadas. A primeira, teria como foco os setores mais sofisticados tecnologicamente, pois são esses que apresentam maiores ganhos de produtividade e menor impacto ambiental. Ou seja, trata-se de direcionar estímulos para setores com ganhos de economia de escala, pois são também os que alavancam o processo de modernização de processos produtivos de demais setores. Portanto, a substituição de importações nesses casos representa avanços significativos no processo de reindustrialização do país. Magacho (2020), com base em nomenclaturas internacionais, lista setores tecnologicamente mais avançados na manufatura: máquinas e equipamentos, veículos automotores, equipamentos de transporte; químicos e farmacêuticos; máquinas elétricas; equipamentos médicos, ópticos e de precisão; e equipamentos eletrônicos e de comunicação.

A segunda estratégia considera que o equilíbrio das contas externas deve ser observado no processo de reindustrialização, e, portanto, a política industrial deve também visar setores com capacidade competitiva. Nesse caso, o foco deve ser em diversificar a produção intensiva em recursos naturais estendendo a cadeia produtiva das atividades agropecuárias e extrativas de forma a promover vínculos produtivos para frente, aumentando o grau de processamento dos recursos naturais, e para trás, conectando-se com outras indústrias da economia nacional que fornecem bens e serviços para os setores agrário e extrativistas. Seria uma estratégia de adensamento das cadeias produtivas a montante e a jusante. Some-se a diversificação, a busca por torná-las mais eficientes no uso de recursos ambientais. Nessa estratégia, inclui-se também a exploração de novos minérios e investimento em energia limpa (como hidrogênio verde), com vistas à exportação.

POLÍTICA INDUSTRIAL BASEADA EM MISSÕES: O PLANO DA NOVA INDÚSTRIA BRASIL COMO A NOVA CONVENÇÃO DE DESENVOLVIMENTO

O projeto da Nova Indústria Brasil (NIB), lançada pelo governo federal em janeiro de 2024, aborda de maneira abrangente as estratégias destacadas para a reindustrialização do país. Esse plano de ação reconhece o reforço da indústria nacional como um pilar essencial para o desenvolvimento sustentável do Brasil, sob perspectivas sociais, econômicas e ambientais. Posicionando a tripla crise mundial no centro de sua agenda, a NIB responde diretamente aos desafios apresentados pela desindustrialização precoce e intensificada que o Brasil enfrentou.

Dentre as propostas da NIB de apoio ao setor industrial com o objetivo de fomentar o avanço técnico, aumentar a produtividade e a competitividade nacional, e reposicionar o Brasil no comércio internacional, destacam-se medidas de fortalecimento dos setores tecnologicamente avançados e a diversificação da produção intensiva em recursos naturais, promovendo uma transição ecológica e a exploração de novos minérios, como parte da estratégia de adensamento das cadeias produtivas.

Como uma inovação em termos de política industrial, a NIB é articulada em torno de seis missões industriais, orientadas por objetivos claros e desafiadores que abordam grandes desafios sociais, ambientais e tecnológicos:

1. Cadeias Agroindustriais Sustentáveis: Visando a sustentabilidade e a digitalização no setor agroindustrial.
2. Complexo Econômico-Industrial da Saúde Resiliente: Para fortalecer a autonomia e a capacidade de resposta do sistema de saúde brasileiro.
3. Infraestrutura Sustentável: Focando em saneamento, habitação e mobilidade urbana.
4. Transformação Digital da Indústria: Para aumentar a produtividade e inovação tecnológica nas empresas brasileiras.
5. Bioeconomia e Descarbonização: Promovendo a transição energética e o uso sustentável da biodiversidade.
6. Tecnologias de Defesa e Soberania: Desenvolvendo tecnologias críticas para a segurança nacional.

Para alcançar os objetivos delineados nas suas missões, a Nova Indústria Brasil (NIB) adota três pilares estratégicos fundamentais. O primeiro pilar é o Financiamento Sustentável, que enfatiza o apoio financeiro à transformação ecológica e inovações em diversas áreas, como infraestrutura e exportações, por meio de uma combinação de linhas de crédito, apoios financeiros diretos e incentivos fiscais voltados para a sustentabilidade. O segundo pilar central é a Melhoria do Ambiente de Negócios, que visa potencializar a competitividade da indústria nacional através do desenvolvimento do capital humano, da abertura de novos mercados internacionais para produtos brasileiros e da simplificação dos trâmites regulatórios que atualmente impõem barreiras à inovação e ao crescimento econômico. O terceiro e último pilar é o Poder de Compra do Estado, uma estratégia que se vale das contratações governamentais em áreas-chave como infraestrutura, energia renovável e saúde para promover e estimular o desenvolvimento industrial, guiando o setor produtivo em direção aos objetivos estratégicos de longo prazo estabelecidos pela NIB.

A prioridade a ser dada à produção de insumos de saúde é um exemplo de estratégia de reindustrialização com foco em políticas transversais no sentido de envolver vários setores e contribuir para a melhoria na distribuição de renda. A pandemia da COVID-19 evidenciou a vulnerabilidade em depender de insumos médicos importados. Embora enfrentando desafios, o país demonstrou uma capacidade produtiva notável, particularmente na pesquisa e desenvolvimento de vacinas, com instituições como Fiocruz e Butantan em posições de destaque.[5]

---

5 O fortalecimento do CEIS não apenas assegura nossa autonomia em saúde, mas também tem o potencial de impulsionar a economia, como demonstrado por um estudo do IBGE sobre a geração de empregos. O Plano de Retomada da Indústria propõe seis programas para robustecer o setor, incluindo o desenvolvimento e produção de vacinas e equipamentos médicos. Utilizando o Sistema Único de Saúde (SUS) como um instrumento-chave, é possível alavancar compras públicas para incentivar a produção nacional. Investimentos em pesquisa e desenvolvimento, bem como o financiamento de startups, reforçam a relevância estratégica do setor. O Brasil deve aprender com os desafios recentes, ampliando sua resiliência na área da saúde para a segurança nacional.

A construção de políticas e instituições públicas comprometidas com a reindustrialização do país requer o apoio de empresas estatais[6] e bancos públicos. Conforme Mazzucato (2023) destaca, é crucial prestar atenção tanto ao desenho institucional e organizacional quanto ao desenho de políticas. É necessário ainda que as políticas assumam um caráter mais horizontal, resultando em ganhos que transcendam setores específicos, a partir de objetivos concretos de transformação econômica. Nesse contexto, a lógica se inverte e o ganho de dinamismo de cada atividade produtiva associada a uma missão ocorre por meio de um direcionamento dessas atividades para a construção de processos sustentáveis

A política industrial deve estar alinhada com o planejamento com horizonte longo de tempo em seu sentido mais amplo de forma que diversos expedientes se organizem em torno de cada missão. Nesse contexto, importa menos o caminho a ser percorrido (inclusive, porque pode haver vários ou empecilhos demandem que novas alternativas sejam encontradas) e mais a orientação da política para o atingimento do objetivo almejado.

As abordagens políticas orientadas para a missão entendem a importância da combinação de objetivos públicos com interesses privados, ou seja, o processo de reindustrialização precisa ser construído e legitimado pela sociedade. Isso implica na necessidade de colaboração simbiótica em torno dos objetivos entre o Estado, as empresas privadas, trabalhadores e outros *stakeholders*, demandando um novo contrato social que vise a transformação econômica e ecológica (Mazzucato, 2023).

Por fim, a dimensão do financiamento é central para que as missões possam ser alcançadas, o que demanda novas capacidades por parte dos sistemas financeiros domésticos. A experiência brasileira de gestão de políticas públicas sempre contou com os bancos públicos como parte

6 Em 2015 havia 138 empresas estatais federais, segundo a SEST, e este número se reduz para 92 em 2022.

do arcabouço político. Assim, os bancos de desenvolvimento (nacional e regionais), por deterem expertise acumulada e compromisso com o longo prazo, devem desempenhar papel de liderança no processo de apoio à reindustrialização assim como a projetos públicos de investimento em infraestrutura sustentável.[7] Nesse sentido, o BNDES, que atualmente é o gestor do Fundo Clima, uma fonte de recursos que não depende de *funding* público, e que tem um grande potencial de ter protagonismo no processo de financiamento de projetos ambientalmente sustentáveis é crucial, mas não apenas[8]. De acordo Teixeira, Feijo *et al.* (2022), o recente processo de criação e desenvolvimento de fundos soberanos de riqueza a partir de recursos de compensação de atividades extrativas pode trazer à cena novos aliados importantes na tarefa de tornar a dependência de recursos finitos em potenciais fontes de recursos para a transformação.

A NIB propõe instrumentos como fundos de investimento voltados para a transformação ecológica e linhas de crédito para expansão da capacidade produtiva, refletindo uma abordagem que mantém princípios neoliberais, na qual o Estado atua focado na correção de falhas de mercado. No entanto, a reindustrialização efetiva demanda um Estado planejador, que possa assegurar investimentos sustentáveis e de longo prazo, especialmente em um contexto em que as políticas macroeconômicas desempenham um papel vital.

A NIB representa um passo importante na construção de uma convenção para o desenvolvimento sustentável, com a indústria servindo como âncora para essa convenção. Durante o período de industrialização

---

7 Aqui vale mencionar a importância em investir em cidades sustentáveis para modernização urbana com destaque para cadeia produtiva do setor de transporte e investimento de infraestrutura sustentável.

8 Registre-se uma iniciativa importante no debate de transição climática no caso brasileiro foi o início do processo de elaboração de uma taxonomia de finanças sustentáveis e que se soma aos esforços na direção de criar um novo ambiente de negócios onde a sustentabilidade ambiental tem destaque.

brasileira nos anos 1970, o Ministério do Planejamento desempenhou um papel crucial na coordenação de uma convenção para o crescimento, orientando a transformação econômica com supervisão estratégica, conforme apontado pelo professor Antônio Barros de Castro. Hoje, o foco do Ministério do Planejamento é principalmente no orçamento público, que, embora importante, não abrange o planejamento estratégico mais amplo necessário para impulsionar os objetivos de desenvolvimento industrial e sustentável do país.

Portanto, para que a NIB sirva verdadeiramente como um pilar para uma convenção de desenvolvimento sustentável, ela deve ser apoiada por uma poderosa autoridade de planejamento centralizada capaz de coordenação intersetorial e direção estratégica de longo prazo. Isso garantiria que todos os aspectos da reindustrialização sustentável fossem abordados de forma coesa, fomentando um futuro econômico robusto, verde e inclusivo para o Brasil.

CONSIDERAÇÕES FINAIS

A neoindustrialização, como projeto de mudança estrutural no contexto da transição climática, traz uma visão de desenvolvimento de longo prazo para a economia brasileira que se contrapõe à agenda de desenvolvimento liberal, que ganhou espaço com a abertura econômica nos anos 1990. O novo cenário internacional de transição energética nos países desenvolvidos abre uma janela de oportunidade a economias dotadas de recursos minerais críticos, como a brasileira, cuja exploração e geração de fontes de energia limpa pode contribuir para relaxar a restrição externa ao crescimento e ampliar o espaço de política. Sob uma estratégia de desenvolvimento industrial, o adensamento de cadeias produtivas no setor mineral e agroexportador pode, por um lado, criar espaço de política para a implementação de uma política industrial que recupere o investimento agregado e contribua para o avanço na direção de diversificação da matriz produtiva nacional. A recuperação do investimento em setores de elevados ganhos de escala, em P&D e em inovação de produtos e processos, por sua vez, pode recolocar a economia brasileira em uma trajetória de crescimento elevada, com inclusão social e ambientalmente sustentável. Dito de outra forma, a proposta de reindustrialização nos anos 2020 implica na realocação de recursos na direção da produção e do investimento em bens e serviços de maior valor adicionado e maior eficiência ambiental.

Assim, a neoindustrialização é uma estratégia de desenvolvimento ousada que implica um novo modelo de desenvolvimento econômico, com maior protagonismo de políticas econômicas intervencionistas, como explicitado na NIB. O elevado grau de incerteza inerente ao processo de investimento em transição climática recupera o papel da política industrial, que modernamente se orienta por missões. Essa política deve operar como âncora de expectativas para orientar decisões de longo prazo, em que o cálculo econômico é difícil, se não impossível, de ser realizado. Os instrumentos de política de financiamento público, intervenção setorial e de controle de resultados devem estar focados em garantir a transição para uma economia verde e sustentável. Assim como, no pós-Segunda Guerra Mundial, os países da América Latina e o Brasil se viram diante de uma oportunidade para se industrializar, nos anos 2020, uma nova oportunidade pode estar na agenda de transição climática como forma de reverter a desindustrialização. Porém, aumentar a autonomia da política econômica é fundamental para o sucesso da NIB.

REFERÊNCIAS

BALESTRO, M. V.; LOURENÇO, L. C. de B. "Notas para uma análise da financeirização do agronegócio: além da volatilidade dos preços das commodities". *In*: BUAINAIN, A. M. *et al.* (Orgs.). *O mundo rural no Brasil do século 21:* a formação de um novo padrão agrário e agrícola. Brasilia: Embrapa, 2014.

DELGADO, G. C. *Do capital financeiro na agricultura à economia do agronegócio*. Porto Alegre: UFRGS Editora, 2012.

FEIL, F.; FEIJÓ, C. "Bancos de Desenvolvimento como braço de política pública para transição verde sustentável". *In*: *A Economia em Revista*, p. 1-10, 2022.

IPCC. *IPCC, 2023: Climate Change 2023*: Synthesis Report. Contribution of Working Groups I, II and III to the Sixth Assessment Report of the Intergovernmental Panel on Climate Change. (P. Arias *et al.*, Orgs.). 25 jul. 2023. Disponível em: **https://www.ipcc.ch/report/ar6/syr/**.

KEYNES, J. M. *The General Theory of Employment, Interest and Money*. [S.l.]: Prometheus Books, 1997.

MAGACHO, G. R. *Política Industrial Verde*: Construindo uma Economia Competitiva e Sustentável. Texto para Discussão nº 2/2020. São Paulo, 2020. Disponível em: **https://eaesp.fgv.br/centros/centro-estudos-novo-desenvolvimentismo/noticias/politica-industrial-verde-construindo-economia-competitiva-e-sustentavel**. Acesso em: 19 jan 2024.

MARQUES, L. *O decênio decisivo*. São Paulo: Elefante, 2023.

MAZZUCATO, M. *The Entrepreneurial State*. Londres: Anthem, 2012.

SAAD-FILHO, A.; FEIL, F. "From climate change to sustainable and inclusive economies: a policy agenda". *In*: *Critical Sociology*, 2023.

SOARES, L. *A natureza subjugada à lógica financeira*: evidências da agricultura brasileira. 2023. Niterói: Universidade Federal Fluminense, 2023.

TEIXEIRA, F. A.; FEIJO, C.; FEIL, F. "Fundos Soberanos Subnacionais e financiamento a infraestrutura: como combinar inovação financeira e estratégia de desenvolvimento local para garantir a riqueza das gerações futuras". *In*: *Cadernos do Desenvolvimento*, vol. 17, no. 33: 12–36, 2022. Disponível em: **http://www.cadernosdodesenvolvimento.org.br/ojs-2.4.8/index.php/cdes/article/viewFile/610/pdf**. Acesso em: 13 fev. 2024.

YOSHIE MARTINS KATO, K.; PEREIRA LEITE, S. "Land grabbing, financeirização da agricultura e mercado de terras: velhas e novas dimensões da questão agrária no Brasil". *In*: *Revista da ANPEGE*, vol. 16, no. 29, 2020: 458–489.

ZILLI, M. *et al.* "The impact of climate change on Brazil's agriculture". *In*: *Science of The Total Environment*, vol. 740: 139384, 2020.

FRONTEIRAS AGROPECUÁRIAS E URBANAS: DINÂMICAS SOCIAIS CONTEMPORÂNEAS E OS DESAFIOS AMBIENTAIS DA AMAZÔNIA

Thereza Cristina Cardoso Menezes

O padrão de desenvolvimento da modernidade fundado na mercantilização da natureza, no crescimento econômico ilimitado e dependente da utilização de combustíveis fósseis tem sido duramente criticado nas últimas décadas por sua contribuição substantiva para a emergência climática contemporânea.

As modificações ambientais severas em curso desde a Revolução Industrial teriam dado origem a uma nova era geológica denominada Antropoceno ou Capitaloceno caracterizada pelo progressivo aquecimento global e desequilíbrio ambiental do planeta Terra. Ainda que os maiores produtores de CO_2 sejam os países desenvolvidos, as responsabilidades para mitigar a crise climática têm sido compartilhadas coletivamente, conferindo-se aos países detentores de grandes remanescentes florestais um papel de destaque na missão de descarbonização do planeta.

As abordagens de cunho mais liberal sobre a crise climática estão ancoradas no conceito de Antropoceno (Steffen, 2015) e percebem a atual crise a partir dos impactos gerados pelo estilo de vida da "humanidade" sobre o meio ambiente, ao passo que perspectivas mais próximas do marxismo apostam no conceito de Capitaloceno e conferem ao sistema de produção capitalista erguido sobre a produção, comércio e trabalho barato (Moore, 2014), a maior parcela da responsabilidade da atual situação atual de emergência climática.

Independentemente das interpretações em voga e da denominação conceitual do fenômeno, as mudanças climáticas tornaram-se um dos maiores desafios no debate sobre a governança global (Giddens, 2010) e, conforme assinala Domingues (2024), produziram um léxico particular que se articula na produção de um discurso consensual e, por vezes, bastante despolitizado, amparado em conceitos técnicos como risco, vulnerabilidade, adaptação, mitigação e responsabilidade coletiva amplamente propagados por entidades como o Banco Mundial e reproduzidos em documentos da ONU/IPCC.

A centralidade do tema da mudança climática vem transformando mais uma vez a Amazônia em uma região estratégica no esforço da cooperação internacional, tornando a região foco de projetos e financiamentos de ações mitigadoras da atual crise climática, visto que este bioma ainda conserva 67% das florestas tropicais do mundo, abriga cerca de 20% de todas as espécies de seres vivos e concentra 12% da água doce disponível no planeta. Como aproximadamente 69% da Região Amazônica estão dentro do território brasileiro, o país tornou-se um ator fundamental no palco das negociações e compromissos de combate à emergência climática.

A partir de formulações elaboradas pela grande comunidade epistêmica (Haas, 1992) e políticas responsáveis pelas agendas climáticas da ONU, a redução do desmatamento e a restauração de florestas foram eleitas como medidas fundamentais para a mitigação de mudanças climáticas (Câmara *et al.*, 2022) em 2015, durante as negociações do Acordo de Paris, momento em que o Brasil assumiu o compromisso de alcançar o desmatamento ilegal zero até 2030 na Amazônia, restaurando e reflorestando 12 milhões de hectares de florestas até 2030.[1]

Vale lembrar que às vésperas do Acordo de Paris, em 2014, o Brasil era celebrado pela Organização das Nações Unidas (ONU) como um país exemplar no combate ao desmatamento em virtude dos resultados positivos das políticas de preservação das florestas em curso desde o início dos anos 2000. Em uma década, os governos de Lula e Dilma Roussef alcançaram uma queda de 82% no desmatamento na Amazônia, um período de êxito interrompido por índices alarmantes de desmatamento que se seguiram entre 2019 e 2022 durante o governo Bolsonaro, época marcada por desconfiança da comunidade internacional expressa na suspensão de financiamentos para a proteção ambiental da Amazônia.[2]

Lula se reelegeu para seu terceiro mandato em 2023 com a promessa de retomar os compromissos ambientais, ano em que o Fundo Amazônia voltou a receber doações de aproximadamente R$726 milhões com expectativas de captação de mais de três bilhões de potenciais doadores. Dentre os projetos contratados estão a gestão territorial de populações indígenas do Acre, o fortalecimento da produção agroecológica e orgânica no Amazonas e o enfrentamento dos crimes ambientais. Os resultados da retomada da fiscalização ambiental na Amazônia pelo Estado brasileiro já indicam notáveis melhoras e, em 2024, após

1 Em 2003, o Brasil possuía cerca de 5 milhões de hectares de Floresta Amazônica desmatados. O período foi seguido por políticas eficazes como o Plano de Ação para Prevenção e Controle do Desmatamento na Amazônia Legal (PPCDAm), com queda acentuada dos índices entre 2005 e 2015. Entretanto, a partir de 2019, houve uma nova curva ascendente nas taxas de desmatamento, impulsionada pelo desmonte e paralisação da fiscalização ambiental durante o governo de Jair Bolsonaro. Em 2020, o total de florestas derrubadas se aproximou novamente da média anual das últimas duas décadas.

2 Destaca-se a suspensão do Fundo Amazônia paralisado em 2019, depois que o Ministério do Meio Ambiente extinguiu o Comitê Orientador do Fundo Amazônia (Cofa). A Alemanha e a Noruega suspenderam novos repasses por quatro anos.

a intensificação das ações de comando e controle, o desmatamento da Amazônia caiu 45,7%.

A escolha de Belém como sede da 30ª Conferência das Partes da Convenção-Quadro das Nações Unidas sobre Mudança do Clima (COP30), o maior evento do mundo sobre a questão ambiental para as discussões de medidas de enfrentamento às mudanças climáticas, evidencia também o retorno do Brasil ao debate internacional e a centralidade da relevância da Amazônia no desafio climático. A COP30 ocorrerá após dez anos do Acordo de Paris com a reatualização de redução de gases do efeito estufa por meio de Contribuições Nacionalmente Determinadas (NDCs).

NOVA ECONOMIA DA AMAZÔNIA

A retomada do Brasil ao debate ambiental global tem suscitado internamente a elaboração de consensos e concertações, unindo segmentos nacionais diversos em torno do que tem sido chamado de uma Nova Economia da Amazônia[3] (Nobre, 2023). No documento "Uma Concertação pela Amazônia"[4] (2022), propõe-se um planejamento do futuro amazônico a partir do modelo da bioeconomia da floresta

---

3 Termo que vem sendo amplamente adotado nos debates sobre propostas para uma nova economia na Amazônia, cunhado no relatório elaborado pela equipe do WRI Brasil e The New Climate Economy, realizado com mais de 70 pesquisadores brasileiros de organizações parceiras. O estudo foi apoiado financeiramente pelo Instituto Clima e Sociedade (ICS), Ministério das Relações Exteriores da Dinamarca, Ministério do Meio Ambiente, Proteção da Natureza e Segurança Nuclear da Alemanha (BMUB), Instituto Arapyaú, Good Energies, e Climate and Land Use Alliance (Clua).

4 Documento voltado a subsidiar processos de tomada de decisão envolvidos em alguns eventos, processos e movimentos atuais como Conferência das Partes (COP26) da Convenção-Quadro das Nações Unidas sobre Mudança do Clima (UNFCCC), da iniciativa Clima e Desenvolvimento: Visões para o Brasil 2030 e do contexto político-eleitoral 2022.

pactuado por cientistas, lideranças dos movimentos sociais, instituições governamentais e não governamentais atuantes na região e empresas em busca de soluções de desenvolvimento ancoradas na conservação da floresta, para que possa emergir um novo paradigma para o desenvolvimento econômico e social da Amazônia (Barroso; Mello, 2020).

O termo bioeconomia alicerça a "nova economia", constituindo um contraponto à "velha economia", representada pelo padrão de desenvolvimento erguido na produção das *commodities* agrícolas e minerais que tem vigorado na Amazônia, e institui a base do crescimento econômico brasileiro. A velha economia é percebida como insustentável na Amazônia por não gerar crescimento econômico significativo e elevar as desigualdades sociais regionais. A solução proposta para a substituição das atividades agropecuárias e mineradoras é um investimento robusto na transição destas atividades, para que se reduzam drasticamente ou subsistam apenas mediante práticas com baixa emissão de carbono ou a intensificação da produção restrita somente às áreas previamente degradadas.

Usado como um sinônimo de sistema produtivo sustentável, eficaz e biotecnológico, o conceito de bioeconomia ainda carece de mais precisão, especialmente quando se trata das garantias de inclusão justa das comunidades amazônicas e do compromisso com formas adequadas de manejo ambiental dos recursos florestais. O aumento da demanda e da exploração desses recursos impõe riscos cada vez mais evidentes no que tange à intensificação da exploração de áreas de florestas. O salto na demanda global pelo açaí, por exemplo, tem alterado as formas tradicionais de manejo florestal das áreas de várzea amazônica, bem como estimulado a superexploração do trabalho e submetido a maiores riscos as comunidades extrativistas, demonstrando os limites práticos da bioeconomia.

A noção de bioeconomia é demasiado ampla e orientada ao escopo de atuação das organizações que a apoiam. A Organização para a Cooperação e Desenvolvimento Econômico (OCDE) define bioeconomia como um conjunto de atividades econômicas relacionadas à invenção, ao desenvolvimento, à produção e ao uso de produtos e processos biológicos. Para agências como a Organização das Nações Unidas para a Alimentação e Agricultura (FAO), por exemplo, a bioeconomia abarca a produção, utilização, conservação e regeneração de recursos para fornecer soluções sustentáveis em todas as áreas econômicas. E, segundo a Comunidade Europeia, o conceito inclui todos os setores de produção primária que utilizam e produzem recursos biológicos, setores econômicos e industriais que usam recursos e processos biológicos para produzir alimentos, rações, produtos de base biológica, energia e serviços (Ferreira *et al.*, 2024).

A multiplicação de projetos e financiamentos com ênfase no potencial da bioeconomia na Amazônia frequentemente enfatiza a capacidade econômica da exploração sustentável de recursos existentes nas áreas de floresta conservada e os benefícios desta atividade para as populações extrativistas que vivem nestes territórios. No entanto, a nova economia da Amazônia pouco tem a dizer sobre dois fenômenos marcantes na sua atual configuração socioterritorial que podem ser considerados fundamentais para projeções de futuro da região: o crescimento das áreas convertidas para a agropecuária e o aumento significativo da população urbana na Amazônia.

AVANÇO DA FRONTEIRA AGROPECUÁRIA E URBANA NA AMAZÔNIA

O cenário amazônico atual não se restringe às florestas conservadas, mas é um mosaico complexo de usos variados do solo distribuídos também em áreas de transição, áreas convertidas e periferias urbanas em crescimento acelerado. Essa multiplicidade de usos das terras se expressa em projetos distintos de governança territorial explicitados em agendas de desenvolvimento que disputam legitimidade e o apoio político da população amazônica.

Os produtores rurais amazônicos e a larga cadeia de beneficiários do setor agroindustrial a eles vinculados são uma aposta na expansão da agropecuária e mineral como a melhor saída para o desenvolvimento regional. As eleições municipais de 2024 na Amazônia são reveladoras da potência eleitoral do projeto agropecuário e repetiram nas eleições municipais o cenário das eleições nacionais de 2022, quando o então candidato à reeleição, Jair Bolsonaro, foi o grande vencedor nos municípios do chamado Arco do Desmatamento da Amazônia. Nas eleições municipais de 2024, os candidatos identificados com as pautas políticas da direita ou do setor agropecuário venceram na maior parte dos 69 municípios situados no topo da lista de maiores desmatadores da Amazônia e tiveram a eleição definida no primeiro turno.[5] Apenas em dois municípios houve eleição de representantes de partidos de esquerda (Canalle *et al.*, 2024).

A seguir são discutidas duas facetas do processo de transformação territorial rural e urbana que ainda são consideradas pouco destacadas no debate sobre novos paradigmas de desenvolvimento amazônico, especialmente àquelas orientadas pela bioeconomia e mitigação de mudanças climáticas: o avanço territorial da agropecuária dos últimos anos e o vertiginoso crescimento da população das cidades na Região Amazônica.

De acordo com dados do MapBiomas, entre 1985 e 2023, o uso do solo para mineração legal e ilegal cresceu 1.063%, para a agricultura, 598%, e para a pastagens, 297%. A agropecuária brasileira avança de forma acelerada e já ocupa um terço do território do país, e na Região Amazônica, especialmente no Pará, este processo foi particularmente avassalador nas últimas quatro décadas, com aumento das áreas de pasto e agropecuária passando nesse período de 13,7 milhões de hectares para 57,7 milhões.

Os dados dos censos agropecuários (IBGE,1995, 2012 e 2019) mostram que houve grande transformações no uso do território nas

---

5 Destaca-se entre os municípios no topo do *ranking* do desmatamento na Amazônia que elegeram prefeitos que sofreram autuações ambientais: Apuí (AM), Marcelândia (MT), Lábrea (AM), Colniza (MT) e São Félix do Xingu (PA), que em conjunto somaram 488 quilômetros quadrados de área devastada em 2024, segundo dados do Deter do Instituto Nacional de Pesquisas Espaciais (Inpe).

últimas três décadas que implicaram a conversão de grandes áreas de vegetação nativa. Segundo dados do Ipea (2022), entre 1990 e 2020, essas áreas antropizadas, quase sempre a partir de um avanço ilegal sobre terras públicas, cresceram de 5,6% para 15,4% do território amazônico. Houve um aumento de 176% em trinta anos, permitindo a consolidação do atual modelo de desenvolvimento amazônico baseado na apropriação ilegal de terras e no comércio de *commodities* agrícolas e minerais. Cabe destacar que o Brasil se tornou nas últimas décadas uma das maiores potências agropecuárias do planeta, o maior exportador de carne bovina do mundo, por exemplo, e os estados da Amazônia brasileira participaram deste salto, uma vez que a região detém cerca de 40% do rebanho nacional de bovinos.[6]

O ordenamento territorial na Amazônia é elemento fundamental para o combate ao desmatamento e tem sido muito eficaz nos territórios que foram reconhecidos como Territórios Indígenas, Quilombolas e Unidades de Conservação. A marcha recente do desmatamento (2013-2020) atesta que cerca de 40% da perda de florestas na Amazônia aconteceu em área com indefinição fundiária (Brito, 2021), consolidando a regularização fundiária como uma possível solução para conter ou minimizar o avanço do desmatamento e atender às demandas por segurança jurídica dos produtores rurais e de pequenos agricultores, assim como uma ferramenta que tornaria possível identificar e punir os responsáveis por crimes ambientais.

A regularização fundiária na Amazônia esbarra em inúmeros obstáculos como a ausência de informações sobre a destinação fundiária de 28,5% do território amazônico, a existência de mais de 20 órgãos de regularização na região e a falta de organização das bases de dados fundiários da região que permitam o compartilhamento de bases cadastrais.

6 Segundo dados do Ministério da Agricultura e Pecuária (Mapa), em 2022, o Mato Grosso possuía o maior rebanho bovino do país com 14,6% de cabeças de gado, seguido pelo Pará, com 10,6%. Liderando o *ranking* dos municípios estava São Félix do Xingu (PA), com 2,5 milhões de cabeças de gado.

O cenário em vigor é da percepção da terra pública como uma terra disponível para a invasão e o desmatamento. Sem a definição clara de marcos temporais de ocupação para a obtenção da titulação, estimulam-se práticas de degradação ambiental que incentivam a expansão do mercado de terras para a agropecuária na região.

A dinâmica de apropriação ilegal de territórios se reproduz também no avanço dos atuais processos de financeirização da natureza e bioeconomia na Amazônia, multiplicando-se os projetos de produção e comercialização de créditos de carbono em comunidades indígenas, extrativistas e quilombolas, bem como a grilagem de terras públicas em áreas como o Sul do Amazonas para o comércio de ativos ambientais como créditos de carbono e Tokens Não Fungíveis (NFTs) em territórios indígenas que aguardam os morosos processos de reconhecimento do Estado (Menezes, 2024).

Além da dinâmica territorial caracterizada pelo acelerado avanço do agronegócio e das formas financeirizadas de exploração da natureza, dados recentes sobre a dinâmica populacional demandam atenção para uma reflexão realista sobre o atual cenário social amazônico. Em 2024, a divulgação dos dados do Censo 2022[7] sobre a população amazônica geraram surpresa, uma vez que a região costuma ser frequentemente retratada como vazio demográfico ou região de domínio de comunidades tradicionais dispersas ou com mobilidade circunscrita às áreas rurais.

O Censo apontou profundas mudanças recentes na distribuição da população na Amazônia. A título de exemplo, pode-se destacar alguns dados do Amazonas, especialmente Manaus, capital que passou de 1,8 milhão de habitantes, em 2010, para 2,06 milhões em 2022, tornando-se a metrópole brasileira com maior crescimento populacional do país desde o último recenseamento. Com aumento da taxa de 14,6%, Manaus cresceu mais que o dobro da média nacional, caracterizando-se

7 Os dados mencionados foram obtidos no portal do IBGE e em plataformas como o Sidra, o Panorama do Censo e a Plataforma Geográfica Interativa (PGI).

como a capital que concentra mais da metade da população do estado e a primeira capital amazônica a ultrapassar 2 milhões de habitantes.

Os dados censitários de 2022 apontaram ainda que a Região Norte tem a maior proporção de pessoas vivendo em aglomerados subnormais (favelas), totalizando 18,9% do total da população regional, índice superior ao dobro da média da Região Nordeste, estimada em 8,5%, e da Região Sudeste, calculada em 8,4%. Chama a atenção o fato de Belém e Manaus constituírem as únicas capitais do país com mais da metade da população estadual vivendo em favelas, e que seis dentre as vinte maiores favelas do país estão localizadas nas zonas Leste e Norte da capital amazonense. Cabe destacar ainda que no *ranking* dos 20 municípios com os piores Índices de Desenvolvimento Humano (IDH) do país, todos estão situados no Norte do Brasil, a maioria no Pará.

As mudanças metodológicas do Censo 2022 tornaram ainda possível uma melhor captação dos dados referentes à população indígena residente em áreas urbanas e rurais e revelaram que 53,97% do total de indígenas no país está residindo em áreas urbanas. Um aumento de cerca de 181,6%, em relação a 2010. No Amazonas, estado que concentra a maior população indígena do país (29% do total), cerca de 62% dos indígenas estão vivendo em cidades.[8]

Os dados do censo, brevemente mencionados anteriormente, ilustram que o cenário urbano amazônico experimentou mudanças sociais profundas na última década, especialmente um impacto significativo das migrações internas e seus efeitos no crescimento expressivo da ocupação urbana em loteamentos irregulares. Segundo dados do Instituto do Homem e Meio Ambiente da Amazônia (Imazon), a expansão da população na área urbana de Manaus provocou o desmatamento de 29 km² de florestas na última década. A migração do interior para os grandes

---

8 Os três municípios do Amazonas com maior população indígena nas cidades são Manaus, com 69.747 indígenas, Tabatinga, com 26.091 indígenas, e São Paulo de Olivença, com 18.265 indígenas. Nas áreas rurais destacaram-se São Gabriel da Cachoeira (24.913), Maués (8.092) e Tabatinga (8.406).

centros urbanos como Belém e Manaus na última década é um fenômeno complexo e em análise que envolve fundamentalmente fluxos intrarregionais, mas que também abrange fluxos de outras grandes regiões do país.[9]

O crescimento recente das migrações intrarregionais é impulsionado por diversas causas. Durante trabalho de campo realizado em 2023 em Manaus e municípios do Sul do Amazonas, as migrações foram recorrentemente mencionadas, ainda que esta pesquisa não tivesse o tema como eixo central. Dentre as razões citadas para a migração para as capitais como Manaus ou Porto Velho, foram apontadas a piora na carência de oportunidades de trabalho nos municípios do interior, agravada pelo impacto da pandemia que fechou postos no setor de serviços, a busca pelos serviços públicos de saúde, o surgimento de oportunidades a partir de novos loteamentos urbanos na área metropolitana de Manaus e, finalmente, os deslocamentos forçados nas comunidades ribeirinhas em virtude da intensidade das secas[10] que isolaram e precarizaram a vida nas comunidades rurais.

No caso de Manaus, o afluxo migratório para a capital vem impactando milhares de famílias que vivem em condições insalubres, com abastecimento limitado de água potável e ausência de saneamento, além de se verem frequentemente envolvidas em conflitos fundiários urbanos com ameaças constantes de ações de despejo. Muitos dos migrantes em Manaus são indígenas e residentes em ocupações irregulares que se multiplicaram produzindo ou expandindo bairros e loteamentos multiétnicos como a comunidade Nova Vida, no bairro Cidade Nova.

9 Rigotto *et al.* (2022, p. 33) indicam que entre 2010 e 2017, Manaus recebeu migrantes da região de Curitiba, Rio de Janeiro, Distrito Federal e Boa Vista, bem como enviou emigrantes para regiões do estado do Amazonas como São Gabriel da Cachoeira e Tabatinga.

10 Destaca-se a grande seca de 2023 que isolou centenas de comunidades e dificultou o acesso a alimentos, medicamentos e água potável.

A pandemia de COVID-19 foi outro elemento fundamental para a análise. Não obstante as responsabilidades dos governos federal, estadual e municipal, os efeitos da pandemia na Amazônia foram reveladores da precariedade do serviço de saúde nas áreas rurais e da fragilidade das condições de moradia da população urbana nas cidades amazônicas em termos de atendimento de saúde que favoreceram a explosão da COVID-19 em estados como o Amazonas e resultaram no colapso do sistema de saúde e do sistema funerário em 2020 e 2021 em Manaus. No início de 2021, o estado ocupava a primeira posição no *ranking* do Ministério da Saúde de estados com mortalidade de 172,4 óbitos para cada 100 mil habitantes, constituindo a maior taxa de transmissão da COVID-19 do país (Amazonas, 2021).

A pandemia tornou pública a grande desigualdade socioeconômica e geográfica na distribuição dos serviços de saúde do país e, em particular, no estado do Amazonas, com grande concentração de atendimento na capital em relação aos municípios do interior. No momento da explosão pandêmica, Manaus era responsável por 89% dos serviços de média complexidade e 100% de alta complexidade do estado do Amazonas e concentrava mais de 90% dos leitos de UTI e cuidados intermediários (Anjos, 2022), obrigando muitos amazonenses a percorrerem em média 615km para conseguirem atendimento médico especializado durante a pandemia (Noronha *et al.*, 2020).

Outro fenômeno que merece destaque em termos de mudanças recentes na configuração social no Norte do país é o aumento vertiginoso da violência na região e, novamente, o Amazonas se sobressai.[11] Em 2022, o estado apresentou a maior taxa de homicídios por 100 mil habitantes na Região Norte, ficando na segunda colocação no índice de registros de homicídios do país entre os anos de 2012 e 2022. As taxas são particularmente elevadas no sudoeste do Amazonas e na região

11 Dados obtidos no Atlas da Violência 2024, produzido pelo Instituto de Pesquisa Econômica Aplicada (Ipea) e pelo Fórum Brasileiro de Segurança Pública (FBSP).

do Alto Solimões, áreas que vêm se tornando estratégicas nas redes do tráfico de drogas por facilitarem o acesso às fronteiras internacionais da Bolívia, Colômbia e Peru.

O fortalecimento do narcotráfico no Amazonas é uma resultante do abandono da fiscalização e de um "apagão" das instituições de controle federais durante os anos de desmonte do governo de Jair Bolsonaro, que paralisou as ações de fiscalização na região por meio do corte de verbas, da perseguição a funcionários e da redução drástica de operações conduzidas até pela Polícia Federal (PF), a Funai (Fundação Nacional dos Povos Indígenas) e o Ibama (Instituto Brasileiro de Meio Ambiente). A opção por delegar apenas às Forças Armadas a tarefa de controles emergenciais de desmatamento com operações pontuais de Garantia da Lei e da Ordem (GLO), conduzidas por militares como Verde Brasil I e II, drenou vultuosos recursos e não produziu efeitos duradouros, favorecendo a multiplicação dos incêndios criminosos nos períodos secos, o garimpo ilegal e a livre atuação de traficantes de drogas articulados com redes de crimes praticados na região.

A disparada dos dados de homicídio reflete a intensificação da ação de organizações criminosas nacionais e internacionais que disputam o controle de territórios amazônicos e rotas de tráfico de drogas entre Brasil, Peru, Colômbia e Bolívia. Os municípios do Amazonas situados na calha do rio Solimões que recebem navios como Coari, Tefé e Itacoatiara, bem como Manaus, tornaram-se áreas muito disputadas pelo crime organizado pela facilidade do transporte fluvial e aéreo sem maiores controles, facilitando e reduzindo custos do envio de drogas para o exterior.

CONSIDERAÇÕES FINAIS

Este texto buscou traçar um breve panorama de desafios contemporâneos da sociedade amazônica com ênfase nas dinâmicas territoriais e de poder nas áreas rurais e urbanas. Houve um avanço considerável das atividades agropecuárias sobre terras públicas ocupadas ilegalmente, permitindo a consolidação do modelo vigente de desenvolvimento baseado na apropriação ilegal de terras e no ambiente de favorecimento da produção de *commodities* agrícolas e minerais.

Os processos de financeirização da natureza e bioeconomia, ao contrário de permitir o surgimento de uma nova economia, têm reproduzido dinâmicas tradicionais, seja de apropriação ilegal de terras públicas, seja de exploração de recursos naturais e precarização do trabalho de comunidades indígenas, quilombolas extrativistas. O universo urbano amazônico também tem experimentado mudanças sociais profundas na última década, impactado pelas migrações e a expansão ilegal da fronteira urbana sobre florestas com novos loteamentos abertos em áreas desmatadas no entorno de áreas metropolitanas como vem acontecendo em Manaus.

A mudança na governança territorial da Amazônia com a desestruturação da fiscalização policial e ambiental colaborou para a explosão dos índices de desmatamento e para as novas formas de controle de territórios e populações expresso na ampliação das redes de narcotráfico cada vez mais articuladas aos crimes ambientais como o garimpo, intensificando a violência na região com números elevados de homicídios na Região Norte.

As múltiplas dinâmicas de poder e território que se buscou articular ao longo do texto tornam projetos econômicos para a Amazônia primordialmente ancorados na bioeconomia, com um alcance limitado para os desafios da sociedade amazônica contemporânea, profundamente enraizada política e economicamente na agropecuária e com uma população cada vez mais imersa nos dilemas das grandes metrópoles periféricas.

REFERÊNCIAS

AMAZONAS. Secretaria de Saúde do Amazonas, Fundação de Vigilância em Saúde do Amazonas. *Situação epidemiológica de COVID-19 e da Síndrome Respiratória Aguda Grave no Estado do Amazonas*, Ano 02, n, 16, 27 jan. 2021, Manaus, 2021b, Disponível em: **https://www.fvs.am.gov.br/media/publicacao/boletim_covid_16.pdf**. Acesso em: 26 dez. 2024.

ANJOS, L. C. C. "Dimensões de acesso geográfico à saúde na pandemia da Covid-19 nos territórios do Amazonas (BR)". *In*: *Estrabão*, vol. 3, 2022: 29-39.

BARROSO, L. R.; MELLO, P. P. C.. "Como salvar a Amazônia: por que a floresta de pé vale mais do que derrubada". *In*: *Revista de Direito da Cidade*, vol. 12, 2020: 1262-1307.

BRITO, B. *et al*. *Dez fatos essenciais sobre regularização fundiária na Amazônia*. Belém: Instituto do Homem e Meio Ambiente da Amazônia, 2021.

CÂMARA, G. *et al*. "Desafios do cumprimento da NDC brasileira no bioma Amazônia". *In*: *Revista Centro Brasileiro de Relações Internacionais* (*Cebri*), vol. 1, 2022: 159-177.

CANALLE, G. R. *et al*. "Forças políticas de extrema direita no Brasil podem levar a Amazônia ao ponto de não retorno". *In*: *Campo-Território*: *Revista de Geografia Agrária*. Uberlândia, vol. 19, no. 56, 2024: 1-15.

CERQUEIRA, D.; BUENO, S. *Atlas da violência 2024*: retrato dos municípios brasileiros/coordenadores. Brasília: Ipea; FBSP, 2024.

DOMINGUES, J. M. *Da pandemia à mudança climática*. Rio de Janeiro: Mórula, 2024.

GRISOTTI, M.; MORAN, E. F. "Os novos desafios do desenvolvimento na Região Amazônica". *In*: *Civitas: Revista de Ciências Sociais*, vol. 20, 2020: 1-4.

FERREIRA, J. *et al.* "A lack of clarity on the bioeconomy concept might be harmful for Amazonian ecosystems and its people". *In*: *Ecological Economics*, vol. 244, 2024: 108299.

GIDDENS, Anthony. *A política da mudança climática*. Rio de Janeiro: Zahar, 2010.

IBGE — INSTITUTO BRASILEIRO DE GEOGRAFIA E ESTATÍSTICA. *Censo Brasileiro de 2022*. Rio de Janeiro: IBGE, 2024.

MENEZES, T. C. C. "Esse governo é de vocês": do Terra Legal ao Titula Brasil: análise de uma década de políticas de regularização contra o caos fundiário amazônico". *In*: *Amazônica. Revista de Antropologia*, vol. 15, 2023: 49-71.

MENEZES, T. C. C. "Latifúndios de carbono e moedas virtuais para proteger a Amazônia: a corrida por terras e financeirização da natureza". *In*: *Estudos Sociedade e Agricultura*, Rio de Janeiro, vol. 32, 2024: e2432213.

MOORE, J. *Capitalism in the Web of Life*: Ecology and the Accumulation of Capital. Londres e Nova York: Verso, 2014.

NOBRE, C. A. *et al. Nova Economia da Amazônia*. São Paulo: WRI Brasil. Relatório, 2023. Disponível em: **http://www.wribrasil.org.br/nova-economia-da-amazonia**. Acesso em: 26 dez 2024.

NORONHA, K. V. M. S. *et al.* "Pandemia por Covid-19 no Brasil: análise da demanda e da oferta de leitos hospitalares e equipamentos de ventilação assistida segundo diferentes cenários". *In*: *Cadernos de Saúde Pública*, vol. 36, 2020: e00115320.

RELATÓRIO ANUAL DE DESMATAMENTO — 2021. São Paulo, Brasil. *MapBiomas, 2022*. Disponível em: **http://alerta.mapbiomas.org**. Acesso em: 28 dez 2024.

SANTOS, G. R. dos; SILVA, R. P. da (Orgs.). *Agricultura e diversidades:* trajetórias, desafios regionais e políticas públicas no Brasil. Brasília: Ipea, 2022.

STEFFEN, W. "The trajectory of Anthropocene: the Great Acceleration". *In*: *The Anthropocene Review*, vol. 2, 2015: 81-98.

RIGOTTI, J. *et al. A dinâmica demográfica da Amazônia Legal,* 2022. Disponível em: chrome-extension://efaidnbmnnnibpcajpcglclefindmkaj/https://amazonia2030.org.br/wp-content/uploads/2022/03/AMZ2030-33-1.pdf. Acesso em: 10 abr 2024.

UMA CONCERTAÇÃO PELA AMAZÔNIA (Org.). *100 primeiros dias de governo*: propostas para uma agenda integrada das Amazônias. São Paulo: Instituto Arapyaú, 2020. Disponível em: **https://pagina22.com.br/wp-content/uploads/2022/10/100dias_web.pdf**. Acesso em: 26 dez 2024.

POSFÁCIO

COPS, BRICS, CHINA: DESAFIOS INTERNACIONAIS DO BRASIL

María Elena Rodríguez

PONTO DE PARTIDA

O recente seminário e o livro que o acompanha constituíram um espaço de debate sobre as transformações que moldam o cenário — a modernidade — global e seus impactos no Brasil. Neste posfácio, quero destacar alguns tópicos que merecem atenção especial dada sua relevância para a compreensão do contexto internacional e a inserção brasileira nele, completando o painel elaborado pelas análises anteriores. A complexidade das questões e transformações contemporâneas exige um escrutínio mais detalhado.

A ordem internacional liberal, estabelecida após 1945, enfrenta hoje desafios sem precedentes (Habermas, 2025). Muitas das instituições que salvaguardavam o antigo sistema já estão extintas ou perdendo credibilidade. A Organização Mundial do Comércio (OMC) está há anos paralisada. O Fundo Monetário Internacional (FMI) segue recebendo críticas, com os problemas em que se foca exacerbados por sua ênfase na estabilidade financeira. O Conselho de Segurança da Organização das Nações Unidas (ONU) se tornou disfuncional e precisa urgentemente de uma reforma. As sanções emitidas contra alguns funcionários do Tribunal Penal Internacional pelos Estados Unidos, como retaliação aos mandados de prisão emitidos pela corte contra o primeiro-ministro de Israel, Benjamin Netanyahu, por conta da brutal campanha militar em Gaza, ameaçam a sua independência (sem que a ele se filiassem já todos os países). Na Ucrânia, em Gaza e no Sudão, o direito internacional humanitário se mostrou ineficaz à medida que atrocidades em massa aumentaram. Em tudo isso, o nacionalismo se mostra uma força neste momento mais motivadora e poderosa, ainda que dinâmicas cosmopolitas e globalizantes obviamente não tenham se esgotado.

Outros fatores, como a ascensão da China, o descontentamento de países do Sul Global com a política dos EUA, a desigualdade interna nas democracias liberais, o revanchismo russo e a política externa nacionalista dos EUA no segundo mandato presidencial de Donald Trump, com desrespeito pela soberania de outros estados, junto com seu desdém pelo multilateralismo e a erosão de instituições e normas, contribuem para essa situação.

Este é o pano de fundo para os temas, mais circunscritos, todavia gerais, que tratarei a seguir.

COP30: UM DESAFIO PARA O BRASIL

Já em parte discutida em vários dos capítulos precedentes deste livro, a crise climática, inegavelmente o maior desafio da humanidade neste século XXI, exige ações drásticas e imediatas no tocante aos padrões de produção e consumo. Contudo, soluções isoladas de países ou empresas não bastam; o diálogo e a cooperação internacional são cruciais para que se implementem medidas eficazes.

Nesse contexto, o Brasil sedia a COP30 — a trigésima Conferência das Partes (COP) no âmbito da Convenção-Quadro da ONU sobre a Mudança Climática (UNFCCC na sigla em inglês) — pela primeira vez em sua história. A UNFCCC foi criada durante a Conferência Rio-92, em 1992[1] e a COP é o principal evento para definições de resoluções

---

1 Conference of the Parties (COP), United Nations Climate Change. Disponível em: https://unfccc.int/process/bodies/supreme-bodies/conference-of-the-parties-cop.

ambientais e metas climáticas. O Acordo de Paris e as COPs estabeleceram metas e responsabilidades no combate às mudanças climáticas, visando reduzir as emissões de gases de efeito estufa de 28% a 42% até 2030, o que se configura como um enorme desafio.

Como se sabe, a problemática climática global é causada principalmente pela dependência dos combustíveis fósseis, cujas emissões representam o principal vetor do aquecimento global. Em 2023, na COP28 em Dubai, os estados pactuaram, pela primeira vez, realizar uma transição energética para se afastar do uso desses combustíveis. Essa transição para fontes limpas, embora imperativa, ainda se encontra, todavia, distante das necessidades, demandando esforços substanciais para sua concretização em escala planetária. Nesse contexto, o Brasil se posiciona de forma singular. A matriz energética brasileira, notadamente diversificada, conta com uma participação significativa de fontes renováveis (90%) e a origem principal de sua emissão de gases de efeito estufa são na verdade as mudanças no uso do solo, fundamentalmente o desmatamento. Mas isso não significa que o Brasil não seja vulnerável às mudanças climáticas, especialmente por ter sua economia baseada no agronegócio, sensível ao clima. Além de que 60% da energia do país vem de hidrelétricas, que também dependem da chuva. Para completar, a divisão no governo atual sobre a exploração de petróleo na Margem Equatorial, uma zona próxima da Amazônia e da barreira de corais na Foz do Rio Amazonas, sistematicamente tem enviado sinais contrários às negociações climáticas, comprometendo o posicionamento mundial do país justo no ano em que a COP acontece no Brasil.

Apesar disso, a COP30 representa de todo modo uma oportunidade histórica para o Brasil reafirmar seu papel de liderança nas negociações sobre mudanças climáticas e sustentabilidade global (como seu presidente sublinhou: Correa do Lago, 2025). O evento permite ao país expor seus esforços em áreas como energias renováveis, além de reforçar sua atuação histórica em processos multilaterais, como na Eco-92 e na Rio+20. O Brasil buscou liderar as discussões, pressionando países desenvolvidos a assumirem maior responsabilidade pelos danos causados ao planeta e tentando compatibilizar os interesses e as necessidades dos países ricos e daqueles em desenvolvimento. Se os estados tinham até fevereiro para apresentar suas Contribuições Nacionalmente Determinadas (NDCs, na sigla em inglês), a saber, os compromissos nacionais para diminuir as emissões de Gases de Efeito Estufa (GEE) e se adaptar às mudanças climáticas, muitos foram lentos em fazê-lo. O Brasil apresentou sua nova contribuição nacionalmente determinada de reduzir as emissões entre 59% e 67% até 2035. No entanto, essa meta foi alvo de críticas por ser considerada insuficiente e em desacordo com a contribuição do Brasil para a estabilização do aquecimento global. A postura dos EUA, que novamente se retirou do Acordo de Paris em janeiro de 2025, configura também um desafio político significativo para o Brasil. Em resposta à ausência dos EUA, os estados podem adotar metas de redução de GEE mais ambiciosas (proposta do Brasil) ou podem seguir o exemplo estadunidense e reduzi-las. No momento em que finalizo este texto — abril de 2025 —, não é claro que caminho trilharão.

Se a COP30 precisa acelerar as metas de redução de emissões de gases, o Brasil tem a responsabilidade de impulsionar as metas de descarbonização e o financiamento climático. O resultado de financiamento climático da COP29, em Baku, no Azerbaijão, em 2024, foi considerado pouco ambicioso por especialistas e observadores internacionais. O financiamento é essencial tanto para a mitigação das emissões de GEE quanto para a implementação de medidas de adaptação às mudanças climáticas. Um dos principais acordos foi a definição de um financiamento climático global de US$ 300 bilhões por ano, ao passo que o objetivo inicial era alcançar US$ 1,3 trilhão anuais. Por isso, há uma expectativa de que os resultados no Brasil superem os acordos anteriores, com o governo brasileiro afirmando que esta seria a "COP da implementação", em alusão à meta de planos mais ambiciosos, mas ao mesmo tempo tangíveis. Entre as promessas brasileiras, há a expectativa de que o governo aprimore sua própria meta de redução entre 59% e 67% das emissões de GEE, que foi apresentada ano passado. Outro tema que pode ganhar protagonismo é a bioeconomia, tema caro ao Brasil.

A COP30 é uma oportunidade única para o Brasil se firmar como referência ambiental em um cenário internacional cada vez mais polarizado, mas também serve como alerta: não basta sediar o evento, é preciso coerência entre discurso e prática. A realização da COP30 e seus desdobramentos terão mostrado se este é o caso.

Ademais, ao ser realizada na Amazônia, a COP30 gerou muita expectativa não só pela inclusão de novos atores no debate, mas também por seu simbolismo, representando uma oportunidade para o mundo conhecer a Amazônia, com suas complexidades e desafio. Estes foram revistos em capítulo anterior de Theresa Menezes neste livro. O mundo inteiro se interessa pela Amazônia, fala da Amazônia, mas não a conhece.

A Amazônia é frequentemente idealizada como um espaço verde, intocado, um paraíso natural que permanece imune às pressões do desenvolvimento humano. O motivo edênico (Carvalho, 1998) continua habitando o imaginário brasileiro sobre o espaço amazônico, despertando fascínio e encantamento e se projetando internacionalmente. Essa representação, que pode ser chamada de "Amazônia verde", é uma construção social que ignora as complexidades da realidade socioambiental da região. A dicotomia entre a "Amazônia verde" idealizada e a "Amazônia cinza" urbana destaca a complexidade da região, marcada por pobreza e desigualdade social. As cidades na região carecem de saneamento adequado, acesso à água potável e serviços de saúde, o que agrava as condições de vida da população. A ausência de políticas públicas eficazes para lidar com esses problemas resulta em uma marginalização ainda maior das comunidades mais vulneráveis, que frequentemente são as mais afetadas pela degradação ambiental e pela exploração dos recursos naturais. Belém, cidade-sede da COP30, enfrenta desafios significativos, como a falta de saneamento básico e infraestrutura precária. A região sofre com a falta de recursos e acesso limitado à energia, fruto de um modelo econômico baseado na sua exploração predatória que resultou em emissões de carbono (CO_2) superiores à capacidade de absorção da Amazônia. Desde sua colonização pelos portugueses, sempre foi vista como somente um elemento estratégico para o escoamento de produção e um potencial "pasto", para monoculturas e pecuária. O tema do desenvolvimento inevitavelmente assim se coloca, frequentemente em contraposição à agenda do combate às mudanças climáticas.

BRICS+: FORTALECENDO O SUL GLOBAL NA ORDEM INTERNACIONAL

O BRICS, criado em 2009 e liderado por algumas das economias emergentes mais dinâmicas do mundo, recentemente expandiu sua influência ao atrair membros de todos os continentes, transcendendo diferenças históricas, culturais e de sistemas de governança (Rinaldi, 2021). O grupo, agora denominado BRICS+, reúne 11 economias emergentes: Brasil, Rússia, Índia, China, África do Sul, seus membros originais; Egito, Etiópia, Irã, Emirados Árabes Unidos, Arábia Saudita e, desde há pouco, Indonésia. Além disso, conta com mais nove países parceiros.

Apesar das mudanças em sua nomenclatura, o objetivo central do BRICS permanece inalterado: ampliar sua relevância na ordem global. Ao contrário do que alguns pensam, a formação do BRICS não teve a intenção de se opor ou antagonizar as potências ocidentais. Em vez disso, seu propósito era oferecer uma alternativa dentro da estrutura global predominante, que historicamente favorece as economias desenvolvidas do Norte Global.

Em contraste com as potências ocidentais, o BRICS adota uma postura de não intervenção, proporcionando uma plataforma para cooperação e comércio em que as nações membros poderiam perseguir seus objetivos de desenvolvimento sem interferências políticas externas. Desde sua criação, o BRICS tem defendido o multilateralismo, o direito internacional e uma ordem multipolar mais justa, equilibrada e democrática, centrada na ONU. O grupo enfatiza a necessidade de reformar a arquitetura global e a governança financeira e econômica, buscando aprimorar as instituições financeiras globais da era de Bretton Woods, como o FMI e o Banco Mundial, em vez de eliminá-las. O objetivo é assegurar que os interesses convergentes das economias emergentes sejam considerados, concedendo-lhes mais protagonismo nos assuntos globais. O BRICS reivindica uma participação mais significativa de mercados emergentes, países em desenvolvimento e países menos desenvolvidos nos processos de tomada de decisão global, reafirmando seu apoio a uma reforma abrangente da ONU, incluindo seu Conselho de Segurança, para torná-lo "mais representativo, eficaz e eficiente", ampliando a representação dos países em desenvolvimento em sua composição.

A política internacional está cada vez mais polarizada; a dinâmica do sistema pressiona os países a se alinharem a um lado ou outro. Nesse contexto, qualquer alternativa ao modelo tradicional é vista como parte de um espectro antiocidental. A presença da China, da Rússia e, mais recentemente, do Irã no Brics, intensifica essa percepção. No entanto, especialistas concordam que nem todos os membros do BRICS desejam alinhar-se estrategicamente à Rússia ou à China, buscando manter o diálogo com outras esferas da política mundial. Índia, África do Sul e Brasil, por exemplo, buscam preservar sua flexibilidade — equilíbrio e neutralidade diplomática, bem como participar do maior número possível de arranjos.

Sem embargo, para muitos especialistas, a China e a Rússia são os dois atores que dominam o bloco. A China, sem dúvida, é a sua força motriz. Como a economia de crescimento mais rápido do bloco nas últimas décadas, responde por quase dois terços do Produto Interno Bruto (PIB) total do BRICS, com um comércio intra-BRICS centrado em suas relações econômicas com os demais membros. Essa posição central, embora fundamental, gera tensões internas sobre a trajetória atual e futura do grupo, apesar da visão do presidente Xi Jinping de que o BRICS é uma "força estável para o bem", que evita o confronto. O crescente envolvimento da China no BRICS reflete seu desejo de expandir sua influência na governança global e na diplomacia, alinhando-as com seu poder econômico. Ao mesmo tempo, esse envolvimento contribui para seus objetivos geopolíticos e para a influência sobre agendas importantes.

Para a Rússia, o BRICS oferece uma plataforma global para demonstrar sua capacidade de superar o isolamento diplomático. Após as sanções do G7 devido à invasão da Ucrânia em 2022, o país intensificou a dimensão geopolítica das cúpulas da organização, buscando impor uma visão antiocidental ao bloco, o que tem contribuído para essa percepção por atores externos.

O Brasil, por sua vez, vê no BRICS uma oportunidade de consolidar suas prioridades de política externa de longa data, impulsionar a voz das economias emergentes em fóruns internacionais, defender reformas nas instituições de governança global internacional e fortalecer a cooperação Sul-Sul. Através do BRICS, o Brasil expande seus mercados, o que se evidencia pela aproximação comercial com os demais membros. Atualmente, o país exporta mais para os membros do grupo do que para os EUA e a União Europeia somados. A longo prazo, o aumento do comércio entre o Brasil e os membros do BRICS pode impulsionar as exportações brasileiras, estimulando o crescimento econômico. Além disso, a cooperação tecnológica pode aumentar a competitividade do Brasil no cenário internacional. Na presidência do BRICS em 2025, o Brasil busca fortalecer a demanda por maior autonomia nas transações comerciais, reduzindo a hegemonia do dólar, com a possibilidade de negociar fazendo uso de suas próprias moedas e diversificando as relações comerciais e os instrumentos utilizados nessas transações. Na presidência da Cúpula do BRICS em 2025, o Brasil se encontra em condições de reafirmar os dois paradigmas históricos da política externa — autonomia e desenvolvimento.

A CHINA, NOVO ATOR INTERNACIONAL

A ascensão da China no cenário global configura um dos fenômenos mais impactantes do século XXI, desafiando a hegemonia ocidental e redefinindo as dinâmicas internacionais (Vadell, 2021). A relevância do país se manifesta em múltiplas dimensões, desde a geopolítica e a transição energética até as cadeias de suprimentos, a inovação tecnológica e a cooperação internacional. A consolidação da China como centro das cadeias de suprimentos globais é fator que solidifica sua posição econômica, embora também gere vulnerabilidade, em um contexto de crescente fragmentação global.

A trajetória ascendente da China na indústria manufatureira é notável, com sua participação global saltando de 8,6% em 2004 para 31,6% em 2023, superando a dos Estados Unidos (15,9%). Apesar da liderança americana no PIB global (26,5%), a China ocupa a segunda posição (16,6%), evidenciando seu peso crescente na economia mundial.[2] A China produz mais da metade do aço, alumínio e cimento do mundo, e é o maior produtor mundial de plásticos e têxteis. Assim como consome 59% do cimento mundial, 56% do níquel, 50% do cobre, 47% do alumínio, 50% do carvão, 50% do ferro, 47% da carne suína, 31% do arroz, 27% da soja, 23% do milho e 14% do petróleo (Sandalow *et al.*, 2022).

A estratégia de "dupla circulação" (interna e externa) da China prioriza o fortalecimento dos laços com o Sul Global — América Latina e Caribe, Ásia e África —, em termos de fortalecimento dos laços comerciais, investimentos a longo prazo em infraestrutura e injeção de recursos econômico-financeiros, o que em boa medida deixou para trás o papel preeminente dos EUA e das demais potências agrupadas no G7 nessas regiões. Isso representa uma janela de oportunidades para o avanço da sua estratégia baseada no desenvolvimento de uma "globalização com características chinesas", em contraposição à globalização neoliberal, que em si enfrenta agora uma crise, sobretudo com a mudança das políticas estadunidenses. O BRICS é, obviamente, altamente relevante nessa estratégia, mas a Iniciativa do Cinturão e Rota (BRI), com seus 146 países membros, exemplifica também a expansão da influência global chinesa, consolidando o país como o principal exportador

2 *Cf.* https://data.worldbank.org/indicator/NV.IND.MANF.CD?end=2023&start=1960&view=chart.

e comprador de bens e serviços, além de um importante financiador e investidor em infraestrutura global desde 2013.

No entanto, a ascensão da China também apresenta desafios e contradições. O país é o maior emissor de CO_2 do mundo, superando a soma das emissões dos países da Organização para a Cooperação e Desenvolvimento Econômico (OCDE). Apesar de liderar a produção e o consumo de tecnologia verde (sendo responsável por 50%-60% de todos os novos acréscimos globais de capacidade renovável), a China ainda é responsável por mais da metade do consumo mundial de carvão.

Em suma, o dinamismo da China desde a década de 1990 remodelou o capitalismo global de muitas maneiras — desempenhando papel significativo na conformação futura do mundo, incluindo a sustentabilidade. A crescente disputa estratégica com os Estados Unidos, por sua vez, impacta o comércio, a tecnologia e a política externa global, incluindo, mas indo além da disputa tarifária com Donald Trump.

Na América Latina, a China se consolidou como um parceiro comercial, investidor e credor crucial, com investimentos significativos em infraestrutura, energia e mineração. O volume do comércio entre a China e a região aumentou 35 vezes neste século, de 14 bilhões de dólares em 2000 para 500 bilhões de dólares em 2022. A China tem sido capaz de captar as necessidades locais a partir de toda uma bateria de propostas que compõem a sua estratégia de abordagem, sem uso de força militar ou pressão política direta.

No Brasil, a China é o maior parceiro comercial desde 2009, liderando as exportações e importações. A pauta de exportação brasileira, entretanto, ainda é concentrada em *commodities*, enquanto as importações chinesas se concentram em bens intermediários e finais, que em muitos casos terminam concorrendo com a indústria nacional brasileira em determinados segmentos, como automóveis de passageiros, painéis solares e insumos eólicos, dentre outros, evidenciando assim a assimetria da dependência econômica existente entre Brasil e China.

Além do comércio, é importante frisar que, a partir do início do século XXI, o Brasil passou a ser um polo para o investimento chinês nos mais variados setores, desde a compra de diversas empresas de geração e distribuição de energia, infraestrutura e mineração. Empresas chinesas arrecadaram diversos lotes no leilão promovido pela Petrobras para o desenvolvimento de campos petrolíferos de água profunda na costa brasileira. Nos últimos anos, podemos identificar investimentos estratégicos como a da BYD — que inaugurou uma fábrica de veículos elétricos —, consolidando o Brasil como hub regional de mobilidade sustentável. Investimentos em parques solares e eólicos, a ampliação da malha de energia renovável, convertem, ademais, a China em ator-chave da transição energética brasileira.

A China busca fortalecer seu *"soft power"* na América Latina, promovendo sua imagem como um parceiro para o desenvolvimento. Isso fica evidente especialmente se se considera que 40 países da América Latina e do Caribe fazem parte do Cinturão e a Rota, bem como a construção do complexo portuário de Chancay, no Peru, o qual consiste em projeto emblemático na região. A atração da China não pode, porém, ser explicada apenas pelo déficit de infraestrutura ou pela busca por novas oportunidades comerciais e acesso a financiamento. Ela também está relacionada à criação de uma "infraestrutura invisível" no campo das ideias, que fortalece o poder soft da China. A China se apresenta como um poder econômico capaz de ajudar outros países a se desenvolverem para construir uma comunidade com um futuro compartilhado para a humanidade, por meio de projetos de infraestrutura que melhorem as condições de vida, ou como provedora de bens públicos globais. Mas é necessário não idealizar essa relação, alimentando a crença em uma cooperação mutualmente favorável, o que de fato não se verifica sempre nas relações atuais (Katz, 2023).

Além disso, a China se apresenta como uma alternativa agora aos Estados Unidos de Trump, apelando à comunidade global para que defenda o multilateralismo e uma ordem internacional baseada em regras, promovendo o desenvolvimento aberto e inclusivo. Reivindica-se a soberania dos países da região como um pilar fundamental, na contramão de uma política mais intervencionista que parece avançar agora explicitamente como a abordagem estadunidense para a América Latina.

Enfim, a crescente disputa comercial e tecnológica entre China e EUA coloca o Brasil diante de desafios e oportunidades. O que fazer neste ambiente confuso é o desafio. Não é possível vislumbrar o abandono total de alianças nem uma opção clara pelos EUA ou pela China. O Brasil precisa fortalecer sua autonomia e evitar disputas geopolíticas que não favorecem seus interesses, mantendo-se capaz de transitar entre diferentes blocos e aproveitar oportunidades. Por outro lado, deve insistir na promoção de outro tipo de acordos comerciais e de investimento que sustentem o desenvolvimento do país, juntamente com o objetivo de um futuro crescente de igualdade social.

Seguindo sua tradição, a diplomacia brasileira pode atuar fortalecendo o multilateralismo e sua posição internacional como um ator global independente e influente. Para isso, é essencial investir em inovação e infraestrutura, preparando-se para os desafios deste século. Nos próximos anos, a capacidade do Brasil de equilibrar suas relações internacionais será determinante para seu crescimento e relevância global.

REFERÊNCIAS

CARVALHO, J. M. "O motivo edênico no imaginário social brasileiro". *In*: *Revista Brasileira de Ciências Sociais*, vol. 13, no. 38, 1998: VdZ953cbKFh5GjrqsJCwBzd.

CORREA DO LAGO, A. Primeira Carta do Presidente da COP30, 2025. Disponível em: **https://www.gov.br/mma/pt-br/noticias/primeira-carta-do-presidente-da-cop30-embaixador-andre-correa-do-lago**. Acesso em: 10 abr 2025.

HABERMAS, J. "Europe must go ahead with its integration and self-defense". *In*: *Reset Dialogues on Civilizations,* 3 abr 2025. Disponível em: **https://www.resetdoc.org/story/habermas-europe-must-go-ahead-integration-self-defense/**. Acesso em: 10 abr 2025.

KATZ, C. "Multiplicidades de China en América Latina". *In*: *ALAI,* 2023. Disponível em: **https://www.alai.info/multiplicidades-de-china-en-america-latina/**. Acesso em: 10 abr 2025.

RINALDI, A. L. *O BRICS nas relações internacionais contemporâneas. Alinhamento estratégico e balanceamento do poder global.* Curitiba: Appris, 2021.

VADELL, J. (Org). *A expansão econômica e geopolítica da China no século XXI.* Belo Horizonte: Sociedade Mineira de Cultura e Editora PUC Minas, 2021.

SANDALOW, D. *et al. Guide to Chinese Climate Policy 2022.* Oxford: The Oxford Institute for Energy Studies, 2022.

SOBRE OS ORGANIZADORES E AUTORES

ORGANIZADORES

Bruna Bataglia é doutora em Direito pela Pontifícia Universidade Católica do Rio de Janeiro (PUC Rio), pesquisadora do Observatório Interdisciplinar das Mudanças Climáticas (OIMC/IESP-UERJ) e do Núcleo de Estudos de Teoria Social e América Latina (NETSAL/IESP-UERJ), editora da *Revista Direito e Práxis* (UERJ) e doutoranda em Sociologia pelo Instituto de Estudos Sociais e Políticos da Universidade do Estado do Rio de Janeiro (IESP-UERJ). Possui Mestrado em Teoria e Filosofia do Direito (UERJ) e especialização em Filosofia Moderna e Contemporânea (FSB-RJ).

CONTATO: **brunabataglia@gmail.com**

Cristina T. Marins é pesquisadora vinculada ao Instituto de Estudos Sociais e Políticos da Universidade do Estado do Rio de Janeiro (IESP-UERJ). Foi laureada com o Hunt Postdoctoral Fellowship da Fundação Wenner-Gren e atuou como pesquisadora visitante no Maria Sibylla Merian Centre Conviviality-Inequality in Latin America (Mecila). Possui doutorado e mestrado em Antropologia pela Universidade Federal Fluminense (UFF), além de mestrado em Ciências Sociais, com ênfase em Sociologia Contemporânea, pela Faculté des Sciences Humaines et Sociales Sorbonne (Université Paris Descartes).

CONTATO: **ctmarins@gmail.com**

Daniel Capecchi Nunes é professor de Direito Constitucional e Direito Administrativo na Faculdade Nacional de Direito da Universidade Federal do Rio de Janeiro (UFRJ). É doutor e mestre em Direito Público pela Universidade do Estado do Rio de Janeiro (UERJ). Coordena o Grupo de Estudos em Constituição, Democracia e Crise (CODEMC) e o Laboratório de Estudos em Direito, Tecnologia e Inovação (LEDTI).

CONTATO: **danielcapecchi@direito.ufrj.br**

José Maurício Domingues é professor titular dos Programas de Sociologia e Ciência Política do Instituto de Estudos Sociais e Políticos da Universidade do Estado do Rio de Janeiro (IESP-UERJ). É mestre em Sociologia pelo antigo Instituto Universitário de Pesquisas do Rio de Janeiro (IUPERJ) e doutor em Sociologia pela London School of Economics and Political Science, Universidade de Londres. No IESP-UERJ coordena o NETSAL (Núcleo de Estudos de Teoria Social e América Latina) e é membro do OIMC (Observatório Interdisciplinar das Mudanças Climáticas). Em 2018, recebeu o Prêmio Anneliese Maier, concedido pela Fundação Alexander von Humboldt (Alemanha).

CONTATO: **jmdomingues@iesp.uerj.br**

AUTORES

Adalberto Cardoso é professor Titular do Instituto de Estudos Sociais e Políticos da Universidade do Estado do Rio de Janeiro (IESP-UERJ), Pesquisador Associado do Centre de Recherche sur les Inégalités Sociales — CRIS/Sciences Po, Cientista do Nosso Estado da FAPERJ e pró-cientista da UERJ. Possui mestrado e doutorado em Sociologia pela Universidade de São Paulo (USP). Coordena o Núcleo de Pesquisas e Estudos do Trabalho (NUPET).

CONTATO: **acardoso@iesp.uerj.br**

Carmem Feijó é doutora em Economia pelo University College London (1988) e fez pós-doutorado na Columbia University. Possui mestrado em Economia da Produção pela Universidade Federal do Rio de Janeiro (UFRJ), onde também se graduou em Economia. Foi editora dos Cadernos do Desenvolvimento do Centro Internacional Celso Furtado (2015-2022). É professora titular na Universidade Federal Fluminense (UFF), pesquisadora Sênior do CNPq e coordenadora do grupo de pesquisa em Financeirização e Desenvolvimento (Finde/UFF).

CONTATO: **cbfeijo@gmail.com**

Cicero Araujo é professor titular do Departamento de Filosofia da Universidade de São Paulo (USP). É mestre em Filosofia pela Universidade Estadual de Campinas (Unicamp) e doutor em Filosofia pela USP. Sua pesquisa concentra-se em temas como republicanismo, constitucionalismo, representação política e a crise contemporânea da democracia.

CONTATO: **craraujo@usp.br**

Daniel Henrique Da Mota Ferreira é doutor em sociologia pelo Instituto de Estudos Sociais e Políticos da Universidade do Estado do Rio de Janeiro (IESP-UERJ), com período sanduíche na Universidad Complutense de Madrid. É coordenador Executivo do Núcleo de Estudos em Teoria Social e América Latina (NETSAL/IESP-UERJ).

CONTATO: **danielhmf@iesp.uerj.br**

Fabiano Guilherme Mendes Santos possui mestrado e doutorado em ciência política pelo antigo Instituto Universitário de Pesquisas do Rio de Janeiro (IUPERJ), com estágio pós-doutoral em ciência política na Universidade da Califórnia em San Diego (UCSD). É professor titular do Instituto de Estudos Sociais e Políticos da Universidade do Estado do Rio de Janeiro (IESP-UERJ), onde coordena o Observatório do Legislativo Brasileiro (OLB), o Núcleo de Estudos sobre o Congresso (NECON), o Grupo de Estudos de Economia e Política (GEEP) e o Laboratório de Estudos Geopolíticos da Amazônia Legal (LEGAL).

CONTATO: **fsantos@iesp.uerj.br**

Fernanda Feil é economista, doutora em economia e pesquisadora de pós-doutorado na Universidade Federal Fluminense (UFF), onde também é professora credenciada no Programa de Pós-Graduação em Economia. Sua pesquisa foca na relação entre sistema financeiro, desenvolvimento econômico e transição sustentável, com ênfase em regulação financeira, finanças públicas e instrumentos para a transformação ecológica. É pesquisadora dos grupos Finde/UFF e GEEP/IESP-UERJ.

CONTATO: **nandafeil@yahoo.com**

Fernando Teixeira é economista, doutor em economia e pesquisador de pós-doutorado pelo Programa de Pós-graduação em Economia da Universidade Federal Fluminense (PPGE/UFF), onde é bolsista FAPERJ 10 — Fundação Carlos Chagas Filho de Amparo à Pesquisa do Estado do Rio de Janeiro, e pesquisador do Grupo de Pesquisa em Financeirização e Desenvolvimento (Finde). Tem larga experiência profissional em organizações do terceiro setor, instituições públicas e iniciativa privada, tendo como principais temas de pesquisa financiamento ao desenvolvimento e à transição para uma economia de baixo carbono com justiça social.

CONTATO: **fernando_tx@yahoo.com.br**

María Elena Rodríguez é mestre em Direito ao Desenvolvimento pela Université de Génève e doutora em Sociologia pelo Instituto de Estudos Sociais e Políticos da Universidade do Estado do Rio de Janeiro (IESP-UERJ). É professora do Instituto de Relações Internacionais da Pontifícia Universidade Católica do Rio de Janeiro (IRI-PUC Rio) e Diretora Adjunta do BRICS Policy Center.

CONTATO: **malerodriguez@hotmail.com**

Thays Monticelli é professora adjunta do Departamento de Sociologia da Universidade Federal do Rio de Janeiro (UFRJ). É coordenadora do Núcleo de Estudos de Sexualidade e Gênero (Neseg). É membra da

Rede Fluminense de Núcleos de Pesquisa de Gênero, Sexualidade e Feminismos nas Ciências Sociais (RedeGen) e da Red de Investigadores del Trabajo del Hogar de America Latina (Rithal); associada ao GT Genero y Cuidado do Conselho Latino-americano de Ciências Sociais (CLACSO) e à Gênero e Número. É editora associada da revista *Sociologia & Antropologia*. Doutora em Sociologia pela Universidade Federal do Paraná (UFPR).

CONTATO: **tamonticelli@ifcs.ufrj.br**

Thereza Cristina Cardoso Menezes possui Mestrado e Doutorado em Antropologia Social pelo Museu Nacional da Universidade Federal do Rio de Janeiro (MN-UERJ). Desde 2015, é professora da Universidade Federal Rural do Rio de Janeiro (UFRRJ) e docente permanente do Programa de Pós-graduação em Ciências Sociais em Desenvolvimento, Agricultura e Sociedade da Universidade Rural do Rio de Janeiro (CPDA/UFRRJ).

CONTATO: **therezaccm@uol.com.br**

Victor Piaia é professor adjunto da Fundação Getúlio Vargas (FGV) Comunicação Rio, atuando como docente no curso de graduação em Comunicação Digital e no Programa de Pós-Graduação em Comunicação, Sociedade e Cultura Digital. Líder do Grupo de Pesquisa em Sociologia Política e Transformações Digitais e coordenador do Dapp Lab — Laboratório de pesquisa aplicada e análise de dados da FGV Comunicação Rio. É doutor em Sociologia pelo Instituto de Estudos Sociais e Políticos da Universidade do Estado do Rio de Janeiro (IESP-UERJ).

CONTATO: **victor.piaia@fgv.br**

1ª EDIÇÃO agosto 2025
IMPRESSÃO jmv
PAPEL MIOLO pólen bold 90g/m^2
PAPEL CAPA cartão triplex 300g/m^2
TIPOGRAFIA numberplate, TT firs e heldane